DIE BIORHYTHMUS-KÜCHE

Dr. Barbara Rias-Bucher

DIE BIORHYTHMUS KÜCHE

Saisonale Ernährung im Einklang
mit der inneren Uhr

Impressum

Bibliografische Information der Deutschen Nationalbibliothek
Die Deutsche Nationalbibliothek verzeichnet diese Publikation in der Deutschen Nationalbibliografie; detaillierte bibliografische Daten sind im Internet über http://dnb.d-nb.de abrufbar.

Dr. Barbara Rias-Bucher
Die Biorhythmus-Küche
1. Auflage Februar 2016
ISBN 978-3-86374-278-2

Mankau Verlag GmbH
Postfach 13 22, D-82413 Murnau a. Staffelsee
Im Netz: www.mankau-verlag.de
Internetforum: www.mankau-verlag.de/forum

Lektorat: Josef K. Pöllath, Dachau
Endkorrektorat: Susanne Langer M. A., Traunstein
Cover/Umschlag: Andrea Barth, Guter Punkt GmbH & Co. KG, München
Bildredaktion: Dr. Barbara Rias-Bucher, Lydia Kühn
Layout und Satz: Lydia Kühn, Aix-en-Provence, Frankreich
Energ. Beratung: Gerhard Albustin, Raum & Form, Winhöring

Bildnachweis:
© Fotolia 2: Rawpixel; 5 (oben), 20/21: upixa; 5 (unten,links), 31, 181: badmanproduction; 5 (unten, Mitte), 41: stefanoventuri; 6 (oben), 62/63: Almgren; 6 (unten), 120/121: MNStudio; 7 (oben, quer): MN-Studio; 7 (Mitte), 159: Sonja Birkelbach; 7 (unten), 170/171: oneblink1; 9, 15 (oben): Tim UR; 9 (unten): kamasigns; 11: tunedin; 12: Oksana Kuzima; 13: unpict; 14: Filipebvarela; 16: rcfotostock; 18, 40: Orlando Bellini; 19: L. Bouvier; 22 (oben): by-studio; 22 (unten): Johanna Mühlbauer; 23 (links): Elena Schweizer; (rechts): Simone Andress; 24: silencefoto; 25: aytuncoylum; 27, 74, 80, 81, 93, 117, 178, 192: zoryanchik; 29: Marina Lohrbach; 32: atoss; 33: jonster201; 35: cobraphoto; 37: fahrwasser; 38: krayout; 42, 86, 131: kitchenkiss.de; 45, 69: nata_vkusidey; 47, 91, 112, 134, 144, 146, 163, 184, 199: zaziedanslacuisine; 48: Carola Vahldiek; 49: agneskantaruk; 50, 177: FOOD-micro; 52: Kamilla Cyganek; 53: piskota; 55: stillkost; 56, 155 (unten): msk.nina; 58: Kathleen Rekowski; 61: marysckin; 64: denira; 65: Yeko Photo Studio; 66: Africa Studio; 71: Comugnero Silvana; 72: photocrew; 75: sgabby2001; 77: Visions-AD; 79, 148, 149, 215: lilechka75; 82: vanillaechoes; 85: alex9500; 89: exclusive-design; 92: marrakeshh; 97: innakru; 98/99 (oben): LiliGraphie; 98 (unten): emuck; 101: anna_shepulova; 102: shaiith; 104 (oben): Mark_VB; 104 (unten): Svetoslav Radkov; 109: kitty; 111, 174, 211: Kati Molin; 126, 151: lucky elephant; 132: Brent Hofacker; 139: ehaurylik; 142, 143: zi3000; 152: rdnzl; 153 (oben): auryndrikson; 153 (unten): grafikplusfoto; 154: AlShadsky; 155 (oben): athomass; 156: exopixel; 157: vkuslandia; 164: Floydine; 165: Fotofreundin; 168: harmoony; 172 (oben), 194: stockpics; 172 (unten): magele; 173: Monkey Business; 175: eliasbilly; 182: siagor; 183: mythia; 186: Piccia Neri; 189: Peredniankina; 190: jillchen; 195: Alterfalter; 196, 197: FOOD-pictures; 200: fotografiche.eu; 202, 213: Dar1930; 205: sarsmis; 207: OZMedia; 210: fortyforks; 214: Doris Heinrichs; 219: Cpro;
© Barbara Rias-Bucher: 5 (unten, rechts), 59, 68, 78, 95, 106, 107, 114, 115, 119, 122/123, 125, 129, 133, 136, 140, 141, 160, 167, 188, 208, 217, 218

Druck: Westermann Druck Zwickau GmbH, Zwickau/Sachsen

Inhalt

Über dieses Buch 8

Im Biorhythmus schwingen 10

Achtsamkeit üben 14

Nachhaltig handeln 16

10 Tipps für Balance und Biorhythmus . . 18

Natürlich, unsere Jahreszeiten!
Es ist für jeden etwas dabei, ob süß, sauer oder deftig. Lassen Sie uns im Rhythmus der Natur schwingen.

Frühling

Frühlingslust 22

Salat mit gebratenem Käse 24

Ziegenkäse mit Kräutern 25

Kräuterpie mit Hähnchen 26

Pflanzen sind Leben 28

Brote mit Kartoffelpesto 30

Auf Sparflamme schalten 32

Grünkerngratin mit Gemüse 34

Bärlauch-Quiche 36

Brennnesselspinat-Eierkuchen 39

Polenta mit Frühlingsgrün 40

Kartoffelpuffer mit Knofeldip 43

Bohnenfrikadellen mit Hirse 44

Gebeizte Lachsforelle 46

Ostern 48

Rührei mit Wildkräutern 50

Gefüllte Eier 52

Gebratener Spargel 54

Frühlings-Lamm 57

Rote Grütze 58

Rhabarberstrudel 59

Heiße Erdbeeren 60

Ob Kartoffelpesto, Polentaschnittchen oder Rhabarberstrudel – im Frühjahr gibt es viele leckere Gerichte zu entdecken.

Sommer

Sommerfreuden 64
Pizza-Happen 67
Tomatencreme mit Mozzarella 68
Limonade mit Minze 69
Bohnensalat mit Tomatensauce . . . 70
Bunter Ziegenkäse 72
Kichererbsencreme 74
Grünkerncreme mit Kurkuma 75
Für die Sommer-Uhr 76
Sommerliche Gemüsesuppe 78
Sommergrüne Pasta 79
Radieschensuppe 80
Kalte Gurkensuppe 81
Tomaten-Dressing 82
Holunderblüten-Dressing 83
Brombeer-Dressing 83
Gefüllte Paprikaschoten 84
Gebackene Sardinen 87
Gefüllte Tomaten 88

Wraps mit Grillgemüse 90
Focaccia mit Oregano 92
Bruschetta mit Grill-Paprika 93
Sommersalat mit Reisnudeln 94
Mangoldquiche 97
Den Sommer feiern 98
Wildkräutertaschen 100
Beerentorte 103
Nektarinen-Crêpes 105
Obst-Gratin 106
Kirschenschmarren 107
Himbeertörtchen 108
Bevor der Sommer geht … 110
Bunte Obstpie 113
Heidelbeer-Muffins 114
Johannisbeertarte 115
Hirsekuchen mit Aprikosen 116
Apfelschnecken 118

Herbst

Herbstvergnügen 122
Brotsuppe mit Tomaten 124
Kartoffelsuppe mit Pilzen 127
Tomatenkuchen 128
Linsen-Gemüse und Joghurt 130
Gebratene Süßkartoffeln 132
Nudeln mit Bohnen 133

Gefüllte Pilze 135
Kartoffelkuchen 137
Käsepfannkuchen mit Tomaten . . . 138
Gebackene Würztomaten 140
Gemüse für den Vorrat 141
Makrelenbrote 142
Bunte Spießchen 143

Natürlich gut!
Die süßen Früchte unserer Gärten können wir in leckere selbst gemachte Marmeladen verwandeln.

Rote-Bete-Nudeln 145
Kartoffelcreme-Brote 147
Hähnchen mit Tomaten 148
Stampfkartoffeln 149
Ochsenschwanzragout 150
Verschwendung stoppen 152
Erntesegen 154
Selbst gemachtes Sauerkraut 157

Birnenmarmelade 158
Scharfes Zwetschgenmus 159
Vierkornbrot 160
Brot backen – was wichtig ist 161
Schoko-Birnen-Kuchen 162
Schöne Feste im Herbst 164
Zwetschgennudeln 166
Apfelkuchen mit Mandeln 169

Winter

Wintergenuss 172
Gutes aus der Nähe 174
Lauchsuppe mit Speck 176
Gemüsesuppe mit Schinken 179
Wintergemüse-Törtchen 180
Winterwurzel-Salat 182
Spinatklößchen 183
Rosenkohlkuchen 184
Linsenbällchen zum Dippen 186
Schmandgemüse 188
Kartoffelküchlein 189
Curry mit Kokosjoghurt 191
Weißkohlschnitten 193
Schlemmen erlaubt! 194

Käsehäppchen 196
Oliven-Madeleines 197
Goldene Weihnachtssuppe 198
Radicchio-Schiffchen 201
Ente mit Brombeersauce 203
Vanillecreme mit Krokant 204
Heißer Zwieback mit Obst 206
Adventskuchen 209
Lebkuchenherzchen 210
Heiße Schokolade 211
Lichtmess-Gebäck 212
Bananenwaffeln 214
Früchtekuchen 215
Schneller Kompottkuchen 216

Nützliche Adressen 218

Rezept- und Sachregister 220

Über dieses Buch

Biorhythmus-Küche ist das Gebot unserer Zeit, weil sie Rücksicht nimmt auf Mensch und Umwelt. Sie umfasst drei Grundprinzipien, die im Einklang mit unserer inneren Uhr stehen:

1 *Erstens* sollten wir uns stetig bemühen, im Biorhythmus zu schwingen, indem wir bei Auswahl und Zubereitung unserer Nahrung die Balance von Mensch und Natur beachten.

2 *Zweitens* fühlen wir die Verpflichtung, nachhaltig zu handeln, denn unsere Lebensmittel sind kostbare Geschenke der Natur, und wir dürfen sie weder verschwenden noch verderben lassen. Wir müssen also (wieder) lernen, sie komplett zu verwerten und auch mit Resten zu kochen.

3 *Drittens* sind wir achtsam gegen uns selbst, indem wir uns durch frische, authentische Nahrung, durch individuell mögliche Selbstversorgung und durch regelmäßige Bewegung gesund erhalten.

Schon die vertraute Jahreszeitenküche entspricht ganz unserem Biorhythmus:

- Grüne Kräuter verheißen die ersten schönen Tage nach der kalten Jahreszeit – wir spüren, wie es aufwärts geht mit der Sonne, wie positiv das Licht unsere Gemütsverfassung beeinflusst.
- Dunkelrote Kirschen, gelbe Aprikosen und pralle, saftige Tomaten zeigen uns den Sommer an.
- Zwetschgen und Weintrauben mit dem leichten *Reif* auf ihrer blauen oder grüngelben Schale wirken angenehm kühl wie die ersten Spätsommertage. Und das satte Gelb von Kürbis erinnert an den goldenen Oktober.

Biorhythmisch kochen und essen sorgen entscheidend für mehr Lebenslust: Gönnen Sie sich ein wenig Zeit und holen Sie viele verschiedene Gemüse, Früchte, Salat und Kräuter – taufrisch, wohlgemerkt. Glückliche Selbstversorger gehen da einfach in den Garten, andere auf den Wochenmarkt oder in einen Hofladen, vielleicht zum Gemüsehändler oder in einen Bio-Supermarkt. Nehmen Sie aber nur das, was gerade Saison hat. Nun legen Sie das Ganze in einen großen Korb oder eine schöne Schale – als würden Sie Blumen in einer Vase arrangieren. Betrachten Sie Ihr Kunstwerk in aller Ruhe: Was fasziniert Sie daran so, dass Sie in eine der reifen Früchte beißen wollen? Dass Sie sich an den letzten Urlaub im Süden erinnern und jetzt den Geschmack der köstlichen Ratatouille, der saftigen Tomatenpizza geradezu auf der Zunge spüren? Es sind die Farben, in die Mutter Natur unsere Lebensmittel getaucht hat. Wir assoziieren damit individuelles Wohlbefinden. Essen ist mit positiven Emotionen besetzt, und wenn es auch noch schön bunt ist, mögen wir es umso

lieber. Ein so prächtiger Korb mit Pflanzenkost signalisiert uns zudem langes Leben voller Gesundheit, denn die jahrelangen Ermahnungen der Experten gingen an uns vernünftigen Menschen ja nicht spurlos vorüber – die griffige Formel 5 *am Tag* hat sich gut eingeprägt.

Lassen Sie uns also wieder natürlich, authentisch und verantwortungsvoll einkaufen, kochen und essen. Aus eigener Erfahrung weiß ich, dass wir dafür einen Teil unserer Freizeit opfern müssen, denn sogar Mini-Selbstversorgung, Urban Gardening, Ernten auf Streuobstwiesen und Einkaufen auf dem Bauernhof sind zeitintensiv. Doch der Gewinn wiegt – wie ich finde – dieses Opfer auf. Gerade weil wir in einer Zeit leben, in der alles im Überfluss zur Verfügung steht und wir rund ums Jahr jedes Lebensmittel bekommen, auf das wir gerade Lust verspüren, in der Supermärkte und Discounter schier überquellen von Produkten, die wir in dieser Menge überhaupt nicht brauchen, müssen wir uns dringend wieder auf unsere Wurzeln besinnen, Achtsamkeit zeigen gegen uns selbst, unsere Mitmenschen und die Umwelt. »Der Mensch ist auch ein Naturprodukt«, sagte *Christian Garve* (1742–1798), Philosoph und Zeitgenosse *Immanuel Kants*. Als Naturprodukt sind wir per definitionem mit der Natur verbunden, sind Teil von allem, was uns an Lebendigem umgibt. Nur in diesem Bewusstsein können wir uns im Einklang mit unserem Biorhythmus ernähren, damit unsere Ressourcen mobilisieren und die eigenen Potenziale erkennen, kurz: ein zufriedenes Leben führen.

So wünsche ich Ihnen Genuss, Entspannung und Wohlbefinden und hoffe, dass ich Ihnen ein wenig davon mit meinem Buch schenken kann.

Barbara Rias-Bucher

Für mich bedeuten Gemüseanbau und eigene Obsternte ein großes Plus an Fitness und Genuss, Wertschätzung unserer Nahrung und Verständnis für natürliche Abläufe.

Im Biorhythmus schwingen

Wer im Biorhythmus kocht und genießt, folgt ganz unbewusst Mechanismen, die Molekularbiologen immer genauer identifizieren können: Die Zellen aller Lebewesen enthalten sogenannte Oszillatoren, die beeinflussen, was im Organismus geschieht. Sie bestimmen, wie schnell der Stoffwechsel abläuft, wann wir essen wollen und worauf wir Lust haben. Die Oszillatoren wiederum werden in Schwingung versetzt von Zeitgebern, und der stärkste dieser Zeitgeber ist das Licht. Die Lichtmenge nimmt im Tages- und im Jahreslauf stetig ein wenig zu und wieder ein wenig ab. Und im Rhythmus des Lichts schwingt auch unser Biorhythmus.

Der Tagesrhythmus

Die Lebensprozesse von Menschen, Tieren und Pflanzen laufen nach einer inneren Uhr ab: Sie steuert Appetit und Hungergefühl, beeinflusst über die Hormonausschüttung unsere Gemütsverfassung, hilft durch die Verdauung bei der Bereitstellung von Energie, bestimmt über die Zirbeldrüse, wann wir hellwach und wann wir müde sind. Alle diese biologischen Funktionen folgen bestimmten Rhythmen mit unterschiedlich langen Zeitabschnitten; Versuche und Studien haben ergeben, dass der Tagesrhythmus eines Menschen zwischen 23 und 27 Stunden dauert. Dabei liegt diese Periodik bei Morgen- oder Tagmenschen, den sogenannten *Lerchen*, bei etwa 24 Stunden, während sie bei Abendmenschen, den *Eulen*, wie Wissenschaftler sie nennen, etwa 26 Stunden umfasst. Es ist der zirkadiane Rhythmus, wie Chronobiologen (von griechisch *chronos* = Zeit) sagen. Der Begriff kommt aus dem Lateinischen: *zirka* für einen annähernden Wert und *dian* von *dies*, dem lateinischen Wort für *Tag*.

Zu den wichtigsten zirkadianen Rhythmen des Menschen zählen der Schlafrhythmus von sieben bis acht Stunden und der Hungerrhythmus von vier bis fünf Stunden. Vor allem nachts produziert die Zirbeldrüse das *Schlafhormon* Melatonin, während sie tagsüber kaum etwas davon bildet. Wenn wir schlafen, ruht auch unser Hungergefühl. Verantwortlich dafür ist offenbar das Hormon Leptin, das den Fettstoffwechsel reguliert: Je mehr Leptin im Blut zirkuliert, desto weniger Appetit verspüren wir. Und diese Konzentration ist am höchsten in der Phase des traumlosen Tiefschlafs, wenn das Immunsystem besonders intensiv arbeitet und Abwehrzellen produziert.

Die »innere Uhr«, die unseren Tagesablauf mehr oder weniger unbewusst steuert, wird von »Zeitgebern« bestimmt, deren wichtigster die Sonne oder auch helles künstliches Licht ist.

Der Jahreslauf

Feste machen uns den zirkannualen Rhythmus bewusst. Ostern ist Erwachen der Natur, Sommersonnenwende bedeutet Kraft und Höhepunkt, Erntedank die ganze Fülle des Lebens. Advent sollte die stille Zeit der Erwartung sein, während die winterliche Dunkelheit mit Kerzenschein und Lichterglanz zu Lucia und Weihnachten erhellt wird.

Neben dieser inneren *Tagesuhr* gibt es noch andere Rhythmen, die das Leben bestimmen: den Monatszyklus, den jede Frau kennt, oder den zirkannualen Rhythmus (*annus* lateinisch Jahr) von etwa einem Jahr, den Sie bei Pflanzen am besten beobachten können, die ja ganz sichtbar einen »Winterschlaf« halten. Dabei richten sie sich in erster Linie nach der Kreisbahn der Erde um die Sonne und nicht nach der Temperatur: Kalt kann es auch mal im Sommer sein, doch kurze Tage gibt es nur im Winter. So nutzen viele Pflanzen die Länge des Tages für ihre Entwicklung. Deshalb keimen Samen im Winter nicht, und deshalb vermehren sich sonnenhungrige Mittelmeerkräuter wie Basilikum bei uns auch nicht von selbst wie zum Beispiel Feldsalat, sondern müssen jedes Jahr neu gesät werden: Unser Sommer ist für den Vegetationszyklus vieler südlicher Kräuter einfach zu kurz.

Selbstverständlich richtet sich auch unser Organismus nach den Jahreszeiten: Im Frühling ist der Stoffwechsel aktiver als in der dunklen Jahreszeit, sodass Entgiften und Entschlacken jetzt am besten funktionieren. Im lichtstarken Sommer schalten wir in einen gesteigerten Aktivitätsmodus, was sich in Unternehmungslust und leider auch Schlafstörungen äußert. Der Herbst ist zunächst eine Phase gleichmäßigen Wohlbefindens mit angenehmen Temperaturen, ähnlich langen Tagen und Nächten und einem üppigen Nahrungsangebot, das wir heute zwar nicht mehr bewusst wahrnehmen, das unser Körpergedächtnis aber noch gespei-

chert hat. Erst wenn das Licht spürbar abnimmt, schwingt der Biorhythmus langsamer, und die Stimmung vieler Menschen trübt sich ein. Im Winter produziert der Organismus mehr Melatonin: Das Schlafhormon kann für wohlige Entspannung sorgen, jedoch auch die Leistungsfähigkeit mindern. Keine Panik, wenn Sie jetzt ein wenig an Gewicht zulegen – das ist bei Menschen, die besonders sensibel auf das Winterdunkel reagieren, ganz normal.

Essen im Biorhythmus

Auf unsere Zeitgeber sollten wir auch bei der täglichen Ernährung unbedingt hören. Denn die innere Uhr sorgt für Gesundheit, Fitness und Wohlbefinden. Unser Organismus mag nun einmal regelmäßige Abläufe, und es ist keineswegs altmodisch, sich sowohl an den individuellen Schlafrhythmus als auch an drei feste Hauptmahlzeiten zu halten. Wer etwa immer zur gleichen Zeit isst, entlastet die Bauchspeicheldrüse, ist länger satt und bleibt schlank. Nach der Tageszeit richtet sich die Art des Essens: Während der ersten Tageshälfte bis etwa 11:00 Uhr stellt sich unser Biorhythmus auf die Reinigung von Seele und Körper, auf Balance und Stoffwechselaktivität ein. Danach beginnt die Mittagszeit. Sie dauert bis etwa 15:00 Uhr. Wir tanken frische

Energie, orientieren uns neu für die restlichen Aktivitäten des Tages. Jetzt sollten Sie sich ein Stündchen Auszeit zum Luftholen gönnen. Passend dazu schmecken uns ganz unterschiedliche Gerichte: Für das gemütliche Essen mit Familie oder Freunden brauchen wir reichlich Zeit zum Vorbereiten, Genießen und – Verdauen. Doch wenn es mittags schnell gehen muss, sind Suppe oder Salat am besten – je nachdem, ob Sie lieber warm oder kalt essen. Das ist individuell unterschiedlich und hängt mit dem Stoffwechsel zusammen. Menschen mit eher trägem Stoffwechsel mögen täglich sogar zwei warme Mahlzeiten, während die sogenannten *guten Futterverwerter* ohne Weiteres kalt essen können, doch ab und zu ein Häppchen brauchen, um nicht in ein Leistungstief zu rutschen.

Abends sollten wir zwischen 17:00 bis 21:00 Uhr essen, und zwar so leicht wie möglich, denn mit vollem Magen schläft man schlechter und zögert die Verdauung unnötig hinaus. Natürlich spricht das nicht gegen ein schönes Abendessen, bei dem man den Stress des Tages abbauen und neue Kraft schöpfen kann. Doch wenn Sie auf Ihren Biorhythmus achten, werden Sie merken, dass üppige Mahlzeiten bis spät in die Nacht ebenfalls eine ganze Menge Stress bedeuten können.

Bedeutung der Symbole

In diesem Buch sind Frühstücksrezepte und Gerichte für Morgenmenschen (»Lerchen«) zwischen 7.00 und 11.00 Uhr mit dem Symbol ☕ versehen, für Lunch und Mittagessen zwischen 11.00 und 15.00 Uhr orientieren Sie sich am Sonnensymbol ☀. Die Abendmahlzeiten von 17.00 bis 21.00 Uhr sind mit ☽ gekennzeichnet. Was speziell für Abendmenschen (»Eulen«) passt, sehen Sie am Symbol ⬤. Gerichte, die verschiedenen Rhythmen entsprechen, tragen zwei oder mehr Symbole.

Achtsamkeit üben

Leben im Biorhythmus – eigentlich sollte das ganz selbstverständlich sein. Doch wir haben zum großen Teil verlernt, nach innen zu horchen und unserer inneren Stimme zu folgen. Dabei ist das *Bauchgefühl* mittlerweile wissenschaftlich bestätigt, denn unser Darmhirn, wie Forscher es nennen, scheint ebenso komplex zu sein wie unser Gehirn. Das Gefühl für das, was uns guttut, ist individuell unterschiedlich, deshalb spricht man auch vom individuellen, dem ganz persönlichen Biorhythmus. Und den sollten Sie unbedingt kennen, indem Sie auf Ihre Tagesrhythmen achten und Körpersignale verstehen lernen.

Oft ist das ja auch ganz einfach: Wer auf Erdbeeren Pickel bekommt, verzichtet eben auf Erdbeeren. Doch auch bestimmte Vorlieben beim Essen muss man ernst nehmen: Die herbstliche Leidenschaft vieler Menschen für Kürbis und Kartoffeln signalisiert vermutlich, dass es Zeit ist, die Energiespeicher zu füllen und den Carotinspiegel auszugleichen. Immerhin kommt die Jahreszeit, mit der nicht nur weniger Wärme und Licht, sondern auch weniger Vitalstoffe verbunden sind. Übrigens wollen auch unsere »Untermieter« gefüttert werden: Obwohl man bei der Erforschung unseres Ökosystems Darm noch ziemlich am Anfang steht, ist den Wissenschaftlern klar, dass unsere Darmflora nicht nur bei der Verdauung die wesentliche Rolle spielt, sondern auch Appetit oder gar Heißhunger auf bestimmte Lebensmittel hervorrufen kann. Wenn Sie zum Beispiel zwei Tage hintereinander unbedingt Spaghetti mit Knoblauch und Chili essen wollen, sollten Sie dieser Lust nachgeben: Beide Gewürze helfen nämlich bei leichten Darminfektionen. Achten Sie auch darauf, was Ihr Körper sonst noch so *spricht*: Herzhaftes Gähnen heißt nicht einfach *Zeit fürs Nickerchen* aus Mangel an Energie. Es ist auch das Signal, mal weg vom PC und raus an die frische Luft zu gehen, um mehr Licht zu tanken und die innere Uhr zu takten. Tagsüber müssen wir immer wieder Pausen einlegen, selbst wenn wir noch so sehr unter Zeitdruck stehen oder wenn uns eine Aufgabe fasziniert. Konzentration ist gut, doch wer gedanklich nicht loslassen kann, rutscht leicht in die Stressspirale.

Sanfte Ernährung

Essen Sie reichlich Gemüse und Obst, Salat und Kartoffeln, Nudeln und Reis, Kräuter und Gewürze, denn alles, was

Feiern Sie Feste: Riten und Rituale strukturieren den Jahreslauf, stärken soziale Beziehungen und tun damit auch dem Biorhythmus wohl.

Egal, wie Sie es anpacken, ob mit Yoga oder Lauftraining, in der Gruppe oder allein: Bringen Sie Ihren Biorhythmus zum Schwingen, damit Sie positiv auf Ihre Mitmenschen zugehen können.

Wichtig beim Fertig-Müsli: Lesen Sie die Zutatenliste und meiden Sie Produkte, bei denen Öl, Zucker, Sirup, Honig und Malzextrakte an vorderer Stelle stehen. Diese Mischungen sind zu fett und zu süß und schaden damit unserer Gesundheit.

Pflanze ist, sollte unsere Nahrungsgrundlage bilden. Nur durch viele verschiedene Bio-Aktivstoffe aktivieren wir auch unsere körpereigenen Heilkräfte: Diese natürlichen Inhaltsstoffe von Pflanzen greifen positiv in Stoffwechsel und andere Funktionen unseres Organismus ein, helfen den Zellen bei der Arbeit, unterstützen unsere körpereigene Killerzellenarmee beim Kampf gegen böse Keime. Zudem regen pflanzliche Lebensmittel all unsere Sinne an: Ein reifer Pfirsich erinnert an Rosen, mit dem Aroma Himbeeren vergleichen wir das Bouquet eines schönen Weines. Orangenschale und Vanilleschote erschnuppern wir in der Praline. Den Geschmack frisch gebratener Pilze können Sie mit verbundenen Augen kaum von einem Grillsteak unterscheiden.

Selbstverständlich kann auch gesundes Essen seine Tücken haben, und man sollte nichts erzwingen: Wenn Sie zum Beispiel aufs morgendliche Frischkornmüsli mit Bauchgrummeln reagieren, brauchen Sie eher sanfte Mischungen mit zarten Flocken – da hat der Darm zu tun, ist aber nicht überfordert.

Kochen im Biorhythmus heißt auch, dass Sie rechtzeitig mit der Zubereitung des Essens beginnen und nicht erst, wenn Sie hungrig sind. Notfalls essen Sie kalt, denn das ist besser, als während des Kochens zu naschen. Auch von Zwischenmahlzeiten raten Chronobiologen ab, denn kleine Snacks zwischendurch gönnen der Verdauung keine Pause und pushen ständig den Insulinspiegel. Der natürliche Biorhythmus wird ignoriert, die Folge können ernährungsbedingte Krankheiten wie Diabetes oder Adipositas sein.

Nachhaltig handeln

Der Trend ist eindeutig: Immer mehr Menschen lehnen Produkte ab, die industriell verarbeitet und mit Konservierungsstoffen vollgepackt sind. Sie wollen eine authentische Küche mit natürlichen Lebensmitteln. Und weil sie auch wissen wollen, woher unser Essen kommt, gehen sie häufig zu Direktvermarktern auf Bauernmärkten, in Hofläden und zu Einzelhändlern. Es bilden sich *Food Coops*, die große Mengen an Lebensmitteln ab Hof in Depots liefern lassen, wo sie dann von den Verbrauchern abgeholt oder auch verteilt werden. Manche Landwirte beliefern *nicht aktive Bauern*, also Leute, die durch regelmäßige, garantierte Abnahme der Produkte beim Landwirtschaften helfen, obwohl sie nicht mitarbeiten können. Bürgergruppen schließen sich zusammen, um auf ungenutzten Flächen *Urban Gardening* zu betreiben, Städte verpachten oder verleasen Areale für den eigenen Gemüseanbau, und Kleingartenvereine kümmern sich um Naturnähe, denn in den meisten Schrebergärten muss auch (pflanzliches) Essen produziert werden. All das sind positive Zeichen für mehr Nachhaltigkeit und verantwortliches Handeln. Denn wir müssen uns immer über eines im Klaren sein: Nur wir Verbraucher schaffen es, die Verhältnisse zu ändern. Es ist die sprichwörtliche Abstimmung mit den Füßen, besser: mit unserem Portemonnaie, die Erzeuger zum Umdenken, zu Umweltbewusstsein und verbesserter Qualität zu zwingen. Regulierungen durch die Bürokratie helfen da so wenig wie Demonstrationen, initiiert von Aktivistengruppen.

Geschenke der Natur

Fleisch von gesunden, artgerecht gehaltenen Tieren ist auch gut für uns Menschen, mag die Diskussion zu den Themen Vegan und Vegetarisch auch noch so heftig geführt werden. Das Wichtigste ist doch, dass wir Lebensmitteln wieder die Wertschätzung entgegenbringen, die ihnen gebührt, und das gilt für den Anbau von Getreide, Kartoffeln, Gemüse und Obst ebenso wie für Tierhaltung, die uns neben Fleisch und Fisch auch Eier, Milchprodukte und Honig schenkt – dieses Wort wähle ich bewusst. Denn als überwiegende Selbstversorgerin empfinde ich es immer als großes Geschenk, dass ich reifes Obst pflücken, Kartoffeln für den Wintervorrat ausgraben kann, dass Bohnen und Tomaten wachsen, dass ich sogar im Winter Topinambur, Feldsalat, Lauch und Rosenkohl ernten kann. Natürlich steckt eine Menge Arbeit in Anbau, Pflege und Ernte unserer Lebensmittel, und viele Menschen haben weder genügend Platz noch die nötige Zeit für Eigenanbau. Umso mehr müssen wir diejenigen unterstützen, die hochwertige Lebensmittel für uns produzieren, indem wir diese Qualität auch kaufen.

Vielfalt kontra Überproduktion

Biologen und Naturschützer plädieren seit Jahrzehnten für ein Mosaik an vielfältigen Lebensräumen, damit wir die Vielfalt der Arten erhalten. Doch falsche Landnutzung und intensiv bewirtschaftete Monokulturen – denken Sie an Mais und Raps als sogenannte Energiepflanzen! – laugen die Böden aus, zerstören Biotope und die dünne Schicht, die den fruchtbaren Erdboden ausmacht. Fachleute der UN-Konvention gegen Wüstenbildung schätzen, dass ein nachhaltiger und sorgsamer Umgang mit den verfügbaren Böden der Atmosphäre etwa drei Milliarden Tonnen Kohlendioxid entziehen könnte, ein durchaus beachtlicher Teil der Emissionen! Das Argument, dass Bauern immer mehr produzieren müssen, um die Menschheit satt zu kriegen, ist nach Ansicht von Experten falsch. Denn lediglich die Hälfte der produzierten Nahrungsmittel wird gegessen, der Rest geht verloren oder wird vernichtet. Dass immer mehr und größere Anbauflächen erschlossen werden, liegt ja an unserem ständig steigenden Energiebedarf und an den ausgedehnten Weideflächen, die für Tierzucht und Milchwirtschaft erforderlich sind. So erhöhen sich Pacht- und Bodenpreise, was vor allem den Biobauern zu schaffen macht. Dabei hat nur die kleinräumige Landwirtschaft über Hunderte von Jahren artenreiche Lebensräume geschaffen. Das bedeutet für uns als Verbraucher, dass wir die nachhaltige Landwirtschaft fördern müssen und auch, dass wir auf Fleisch- und Milchprodukte zwar nicht verzichten, doch weniger davon essen sollten.

Obwohl in Deutschland bereits die Hälfte der Getreideernte für die Fleischerzeugung verbraucht wird, müssen wir zusätzlich Futter importieren. Ehemalige Regenwälder in Südamerika, auf denen proteinreiche Futterpflanzen wachsen, werden für die erwünschten Erträge stark gedüngt. Das schadet den Böden und vielleicht auch unserer Gesundheit.

10 Tipps
für Balance und Biorhythmus

1 Gestalten Sie den Beginn Ihres Tages ganz individuell: Wenn Sie morgens nach dem Aufstehen nur eine Tasse Kaffee oder Tee mögen, ist das in Ordnung. Manche brauchen Gehaltvolleres wie heiße Schokolade, frisch gepressten Fruchtsaft oder einen cremigen Smoothie.

2 Etwa zwei Stunden nach dem Aufstehen sollten Sie frühstücken – leicht, nahrhaft und nicht zu süß.

3 Gehören Sie zu den »Eulen«? Kein Problem! Doch machen Sie nicht grundsätzlich die Nacht zum Tag, denn das kann zu Verdauungsstörungen und Gewichtszunahme führen.

4 Gehen Sie achtsam mit sich um: Hunger weckt uns nur, wenn wir einige Tage bewusst oder gezwungen fasten. Doch wer an Schlaflosigkeit leidet oder sehr häufig nachts arbeitet, wird hungrig. Das kann den Biorhythmus durcheinanderbringen und ihm schaden.

5 Am besten schmeckt es uns zwischen etwa 17:00 bis 21:00 Uhr, sobald wir uns entspannen. Unsere Geschmacksnerven sind dann besonders sensibel, Magen und Darm aufnahmebereit.

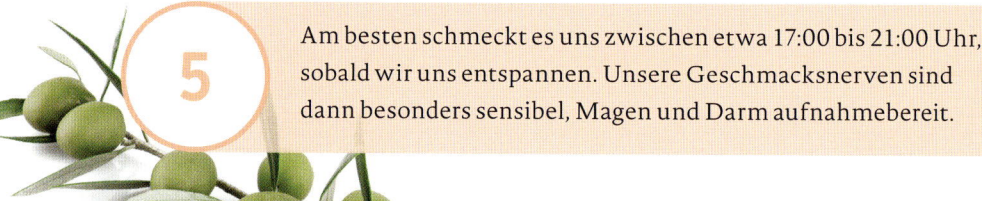

6 Essen Sie abends nur leicht, lassen Sie sich Zeit und konzentrieren Sie sich auf das, was Sie tun, nämlich eine schöne Mahlzeit genießen – am besten gemeinsam und mit guten Gesprächen, jedoch ohne Smartphone!

7 Planen Sie regelmäßige Pausen während der Arbeit ein, damit Sie gedanklich loslassen und die Quellen Ihrer positiven Emotionen anzapfen können.

8 Natürlich kochen heißt auch natürlich einkaufen: Landwirte und Biogärtner mit Hofläden, Bauernmärkte und Ökobetriebe, die tierische Produkte nachhaltig und verantwortungsvoll erzeugen, brauchen unsere Unterstützung, damit sie sich gegen Agrarindustrie und Nahrungsmittelkonzerne behaupten können.

9 Sehen Sie aufs Ganze: Nicht allein Bio entscheidet über Qualität; wichtig für Geschmack und Gesundheit sind bei Gemüse, Salat und Obst auch Frische und gute Sorten. Bei tierischen Lebensmitteln sind es Achtsamkeit und Respekt im Umgang mit der Kreatur.

10 Bewegen Sie sich täglich mindestens eine Stunde. Das muss nicht am Stück sein: Eine Haltestelle früher aus der U-Bahn aussteigen, Treppen steigen anstelle von Lift und Rolltreppe benutzen oder Einkäufe zu Fuß erledigen – all das sorgt für mehr Wohlbefinden.

Frühling

Ich kann sie kaum erwarten,
Die erste Blum' im Garten,
Die erste Blüt' am Baum.

Johann Wolfgang von Goethe: Der Musensohn

Frühlingslust

Wir spüren milde Lüftchen sanft auf unserer Haut, der würzige Duft nach Kräutern und feuchter Erde steigt uns in die Nase, wir genießen die ständig zunehmende Kraft der Sonne. Durch die längeren Tage sinkt langsam die Melatonin-Konzentration in unserem Blut, wir werden wieder aktiv – ähnlich wie Tiere nach dem Winterschlaf. Mehr Sonnenlicht stimuliert das Mittelhirn, sodass die Produktion von Noradrenalin anläuft: Unsere Stimmung hebt sich, wir schütteln den Winterfrust ab und fühlen neue Kräfte in uns wachsen.

Aufs Ganze sehen

Im Frühling schenkt uns die Beschäftigung mit Pflanzen eine tiefe Verbindung zur erwachenden Natur, und dabei spielt es keine Rolle, ob Sie im eigenen oder gemeinschaftlichen Garten arbeiten, ob Sie Töpfe auf Terrasse oder Balkon bepflanzen, ob Sie Selbstversorger oder Hobbygärtner sind. Indem wir das Wachstum beobachten, dürfen wir teilnehmen am Kreislauf des Lebens. Das oberste Prinzip beim Säen, Pflanzen und Pflegen: mit dem Mond arbeiten, niemals dagegen. Die Mondin müsste es eigentlich heißen, denn in nahezu jeder Sprache ist der Mond

weiblich. In den alten Religionen ist er mit einer Göttin verbunden und trägt demgemäß weibliche Eigenschaften: Die Menschen stellten ihn sich fruchtbar und nährend vor. Er galt ihnen als Schützerin der Familie und Helferin bei der Geburt. Das Element unseres Nachtgestirns ist das Feuchte, es symbolisiert Schönheit und Heilung, Frieden und Schlaf. Wie der Mond die Gezeiten bestimmt, so beeinflusst er auch die biologische Uhr: Nimmt er zu, geht die Saat besser auf, Pflanzen sprießen, die Fruchtbildung erfolgt. Abnehmender Mond lenkt negative Energien ab, und in dieser Phase sollte man im Garten nur jäten und im Übrigen die Natur sich selbst überlassen.

Gute Tradition

Kennen Sie die alte Art, einen Kräutergarten in Form eines vierblättrigen Kleeblatts anzulegen? Ein Abschnitt ist für die Küche bestimmt, zum Beispiel mit Petersilie, Salbei, Thymian, Majoran und Schnittlauch. Im nächsten stehen die Heilkräuter mit Kümmel für die gute Verdauung, Johanniskraut für ruhige Nerven, Knoblauch für ein intaktes Immunsystem und Fenchel gegen Husten. Das dritte Areal ist mit bunt blühenden Kräutern als Insektenweide bepflanzt wie blauer Borretsch, gelber Dill, lila Dost, rote und gelbe Kapuziner-

kresse. Und im vierten wachsen Duft- und Teepflanzen wie Lavendel, Kamille und Minze. Dazwischen stehen in Töpfen die empfindlichen Kräutlein wie verschiedene Basilikumsorten und Rosmarin. Selbstverständlich können Sie all diese Kräuter essen: Borretsch zum Beispiel schmeckt im Gurkensalat, Lavendel in der Fischsuppe, Dost auf der Pizza, Blätter und Blüten von Kapuzinerkresse mischt man in Blattsalate.

Sammler-Glück

Bei einer ausgedehnten Kräuterwanderung im Frühling kriegen Sie eine ganze Menge von dem, was Sie nach den langen Wintermonaten unbedingt brauchen: frische Luft und Bewegung, Vitamine und Mineralstoffe. Damit schlagen Sie der Frühjahrsmüdigkeit ein Schnippchen, die ja vor allem aus einem Zuviel an Melatonin und einem Zuwenig an Vitalstoffen resultiert. Schon die bekanntesten Wildkräuter, die man ganz leicht findet, helfen da: Alle liefern reichlich Vitamin C, magenfreundliche Bitterstoffe und Mineralstoffe für gesunden Blutdruck, starke Knochen und schönes Haar. Brennnesseln empfiehlt die Volksmedizin seit jeher als Blutreiniger bei Entschlackungskuren, genau wie Sauerampfer übrigens, der den »Körperputz« im Frühling unterstützt, weil die Gerbstoffe darin die Verdauung fördern und die Leber stärken. Bärlauch senkt den Cholesterinspiegel, schützt Herz und Gefäße, fördert die Verdauung und sorgt für eine gesunde Darmflora. Löwenzahn fördert die Harnausscheidung und stärkt die Nieren, Gänseblümchenblätter regen den Gallenfluss an, Spitzwegerich und Klee reinigen die Bronchien und lösen den Schleim. Und mal ganz abgesehen von der Gesundheit: Im Frühling schmecken diese frisch gepflückten Wildkräuter so gut wie junge Küchenkräuter und nutzen weit mehr als Treibhausware.

Die biologische Uhr lässt sich durch Wärme, Kälte und unsere **künstliche** Uhrzeit kaum beeinflussen, sondern folgt dem Tagesablauf, den Mondphasen und den Jahreszeiten. Deshalb bedeutet der Beginn der Sommerzeit einen Mini-Jetlag, den sensible Menschen nicht so einfach wegstecken.

Salat mit gebratenem Käse

Zutaten für 4 Portionen

Je 1 Handvoll Rucola, Dill, Petersilie, Minze und Zwiebelgrün

1 Handvoll Blüten von Gänseblümchen, Veilchen und Löwenzahn

4 Blätter Radicchiosalat

4 Blätter Endiviensalat

4 EL Apfelessig

1 EL Himbeersirup

Salz nach Belieben

5 EL Olivenöl

200 g Feta, Manouri oder Halloumi

1 Rucola, Dill, Petersilie, Minze und Zwiebelgrün waschen, in der Salatschleuder trockenschleudern und nicht zu fein zerkleinern. Die Blüten waschen und trockentupfen, die Salatblätter ebenfalls waschen, trockenschleudern und zerkleinern. Alle diese Zutaten in einer großen Schüssel mischen.

2 Den Essig mit dem Himbeersirup, Salz und 2 EL Olivenöl verrühren. Das Dressing unter den Salat mischen und diesen auf Portionstellern anrichten.

3 Den Käse in Stücke schneiden, das restliche Olivenöl in einer kleinen beschichteten Pfanne erhitzen und die Käsestücke darin bei schwacher Hitze goldbraun braten. Den Salat mit dem heißen Käse belegen, das Bratöl über den Käse träufeln und den Salat sofort servieren.

* Zur Bedeutung der Symbole → Seite 13

Ziegenkäse mit Kräutern

**Zutaten für
4 Portionen**

2 Handvoll Dill,
Schnittlauch, Minze
und Kerbel

1 kleine rote Zwiebel

250 g weicher weißer
Ziegenkäse

250 g türkischer
Joghurt (10 % Fett)

1 TL Zitronensaft

Salz nach Belieben

Frisch gemahlener
schwarzer Pfeffer

1/2 TL Zucker

1 Die Kräuter waschen, trockentupfen und ganz fein
zerkleinern, dabei alle harten Stiele entfernen. Die
Zwiebel schälen und ebenfalls fein zerkleinern.

2 Den Ziegenkäse mit einer Gabel zerdrücken und
mit dem Joghurt zu einer glatten Creme verrühren,
dann die Kräuter und die Zwiebel darunter mischen.
Die Käsecreme mit Zitronensaft, Salz, Pfeffer und
Zucker würzen.

Wissen
Proteinreicher Käse ist
gut für »Lerchen« zum frühen
Lunch, während »Eulen« ihn
nur zur normalen Abendmahl-
zeit essen sollten. Nach
21:00 Uhr belastet Käse
den Magen.

Kräuterpie mit Hähnchen

**Zutaten für
4 Portionen**

1 kleine Zwiebel

150 g Bulgur

3 EL Öl

500 ml Gemüsebrühe

Etwa 250 g Hähnchen-
fleisch (Rest)

3 Handvoll Wildkräuter
(Löwenzahn, Spitz-
wegerich, Vogelmiere)
oder Küchenkräuter
(Petersilie, Bohnen-
kraut, Estragon,
Oregano)

2 Eier

200 g körniger
Frischkäse

Salz nach Belieben

Cayennepfeffer

1/2 TL gemahlener
Koriander

50 g geriebener
Bergkäse

Butter für die Form

1 Die Zwiebel schälen, fein hacken und mit dem Bulgur in 1 EL heißem Öl anbraten. Die Brühe zugießen und aufkochen. Den Bulgur zugedeckt bei schwächster Hitze 10 Minuten garen. Den Topf von der Kochstelle nehmen und den Bulgur lauwarm abkühlen lassen.

2 Inzwischen das Hähnchenfleisch gegebenenfalls vom Knochen lösen und in kleine Stücke schneiden. Das restliche Öl in einer Pfanne erhitzen und das Fleisch darin auf beiden Seiten kräftig anbraten, dann die Pfanne von der Kochstelle nehmen.

3 Die Kräuter verlesen, waschen, trockentupfen und zerkleinern, dabei alle harten Stiele entfernen. Die Eier trennen und zuerst nacheinander die Eigelbe, dann esslöffelweise den Frischkäse und zum Schluss die Kräuter unter den Bulgur rühren. Die Mischung mit Salz, Cayennepfeffer und Koriander würzen.

4 Die Eiweiße steif schlagen und auf den Bulgurteig geben. Das Fleisch und etwa die halbe Menge Käse hinzufügen und nun alles mit einem Kochlöffel vermischen. Den Teig in einer gefetteten runden Form verteilen und mit dem restlichen Käse bestreuen.

5 Die Pie im vorgeheizten Backofen bei 180 °C etwa 40 Minuten backen, bis sie leicht gebräunt ist. Heiß aus dem Ofen oder lauwarm abgekühlt servieren.

Tipp

Getreide, Eier, fettarmer Käse und mageres Fleisch sind in diesem Gericht sehr ausgewogen; die Pie passt deshalb gut zu Mittag- und Abendessen.

Entgiften mit Pflanzen

Die Volksmedizin nutzt Pflanzen seit jeher als natürliches Mittel, den Organismus über die Leber zu entgiften; Wildkräuter mit ihren vielen Bitterstoffen sind da besonders wertvoll (→ Seite 23). Doch selbstverständlich müssen Sie nicht immer sammeln gehen; gegen zu viel Harnsäure im Blut hilft auch Birkenblättertee aus Apotheke und Reformhaus; er tut den Nieren wohl, spült die Blase richtig durch und kann die Ablagerungen von Harnstein verhindern. Halten Sie sich aber unbedingt an die Dosierungsanleitung: Sie sollten den Tee nämlich wie Medizin nur dann trinken, wenn die Gelenke schmerzen oder sich steif anfühlen, wenn die Nieren zwicken oder die Blase Beschwerden macht.

Ein Heublumensäckchen wirkt krampflösend und stillt Schmerzen, die durch Anspannung der Muskeln entstehen. Die Blumen bekommen Sie getrocknet ebenfalls in der Apotheke. Das Säckchen nähen Sie mit einem Stück Baumwollbatist (etwa 25 mal 15 cm) und lassen es an einer Seite offen. Füllen Sie es mit den Heublumen und schließen Sie dann die letzte Naht.

Pflanzen sind Leben

Unsere natürliche Ernährung besteht zum allergrößten Teil aus Pflanzen: Sie spenden uns Energie in Form von Kohlenhydraten, versorgen uns mit Vitaminen für den Stoffwechsel und mit Mineralstoffen für die unterschiedlichsten Körperfunktionen. Bio-Aktivstoffe, die Pflanzen zur Selbstverteidigung bilden, schenken auch uns Gesundheit und Wohlbefinden. Diese heilsame Wirkung verdanken wir ätherischen Ölen, Gerbstoffen und Bitterstoffen – laut naturwissenschaftlicher Erklärung. Doch als Lebewesen besitzen Pflanzen auch eine Seele; naturverbundene Menschen kennen diese Seele und lernen von ihr.

Pflanzenkräfte nutzen

Die systematische Erforschung von Pflanzen und ihrer Wirkstoffe begann erst im 18. Jahrhundert. Wissen und Anwendung jedoch beruhen auf uralter Erfahrung: Die Priester im alten Ägypten brauchten Kräuter zum Einbalsamieren. Stark aromatische Gewächse wie Fenchel oder Sellerie spielten eine wichtige Rolle bei den Mysterien, die im antiken Griechenland und im Orient gefeiert wurden.

In den Kulturen der Alten und der Neuen Welt waren Pflanzen ein Fundament von Diätetik und Heilkunde: Unter Diät verstand man ja nicht wie heute eine Schlankheitskur, sondern die sinnvolle Kombination bestimmter Nahrungsmittel zur Heilung von Krankheiten und zur Erhaltung der Gesundheit. Ayurveda und Traditionelle Chinesische Medizin haben Überlieferung immer mit jeweils moderner Wissenschaft zu verbinden gewusst und ganz gezielt Ernährungstherapie betrieben. Vor allem Kräuter, doch auch Gemüse und Obst waren jahrtausendelang so kostbar, dass man sie eingehend erforscht und dokumentiert hat. Diese *Produktinfos* dienten selbstverständlich nicht dem qualitätsbewussten Einkauf fürs nächste Gourmetmenü, sondern wurden von Ärzten, Pharmazeuten und Köchen als Lernmaterial genutzt. Ein fürstlicher Küchenchef der Renaissance war für das Wohlbefinden seines Arbeitgebers ebenso verantwortlich wie der chinesische Arzt, der nur so lang bezahlt wurde, wie es seinem Patienten gut ging. Aus Erfahrung wusste man natürlich auch um die konservierende und desinfizierende Wirkung vieler Pflanzen. Erst seit die Industriegesellschaft Nahrungsmittel überreichlich produzieren kann, seit Schulmedizin und Pharmazie die Sorge für unsere Gesundheit übernommen haben, stehen Pflanzen vorwiegend für Genuss. So wenig in den Industrienationen noch zwischen Hunger und Appetit unter-

Ganz anders als die naturwissenschaftlich-analytische Medizin geht die Traditionelle Chinesische Medizin vor: Pflanzen sind eine der Säulen, auf denen sie ruht. Auch im Ayurveda und in der indianischen Heilkunst spielen Kräuter eine wichtige Rolle.

schieden wird, so wenig mussten wir uns in den vergangenen Jahrzehnten auch darum kümmern, ob uns nun ein echtes Leiden quält oder bloß ein Zipperlein plagt.

Doch dieser Trend der Sorglosigkeit scheint nun gebrochen. Inzwischen interessieren sich immer mehr Menschen für ein ganzheitliches Leben, wollen achtsam umgehen mit der Natur und misstrauen zunehmend der Schulmedizin, die zwar für jedes Wehwehchen ein Mittel bereithält, aber viel zu wenig auf die Harmonie des Kosmos baut, dessen Teil wir sind. Auch die inzwischen kaum mehr bezahlbare Gesundheit räumt der Phytotherapie einen immer größeren Stellenwert ein. Dank der modernen Forschung spielen Prävention und Heilung mit Pflanzen nun die bedeutende Rolle, die Hellsichtige ihr schon immer zugeschrieben hatten: *Samuel Hahnemanns* Homöopathie und *Rudolf Steiners* Anthroposophische Medizin beruhen auf den geradezu verblüffenden Kräften der Pflanzen.

Brote mit Kartoffelpesto

Zutaten für 6 Portionen

2 mittelgroße mehlige Kartoffeln

Salz nach Belieben

Frisch gemahlener Pfeffer

6 EL natives Olivenöl extra

1 EL Pinienkerne

1 Stück Parmesankäse (etwa 40 g)

1 Knoblauchzehe

Je 2 Zweige Majoran, Petersilie und Rucola

1/2 TL abgeriebene Bio-Zitronenschale

1 Bund Radieschen

100 g schwarze entsteinte Oliven

12 Scheiben Roggenbaguette

Petersilienblättchen zum Garnieren

Die kohlenhydratreichen Brote mit essenziellen Fettsäuren passen zum Energie-Frühstück etwa zwei Stunden nach dem Aufstehen und zum Mittagessen.

1 Die Kartoffeln waschen und mit der Schale in wenig Wasser sehr weich kochen. Dann kalt abschrecken, noch heiß schälen und mit einer Gabel fein zerdrücken. Mit Salz, einer kräftigen Prise Pfeffer und 1 EL Öl mischen und gerade eben abkühlen lassen.

2 Inzwischen für den Pesto die Pinienkerne in einer Pfanne ohne Fettzugabe bei schwacher Hitze goldbraun rösten. Dabei ständig umrühren und darauf achten, dass die Kerne nicht zu dunkel werden.

3 Die Pinienkerne in den Mixer geben. Den grob zerbröckelten Parmesan und den geschälten Knoblauch hinzufügen. Die Kräuter waschen und trockentupfen, die Blättchen abzupfen und ebenfalls in den Mixer geben. Das restliche Öl hinzufügen und alles zu Pesto pürieren.

4 Die zerdrückten Kartoffeln mit Pesto mischen, mit Zitronenschale, Salz und Pfeffer abschmecken.

5 Die gewaschenen Radieschen und die Oliven in Scheiben schneiden. Die Brotscheiben im Toaster knusprig rösten und den Kartoffelpesto darauf verteilen. Dann abwechselnd mit den Radieschen und den Oliven belegen, mit Petersilie garnieren und möglichst noch warm servieren.

Tipp

Der Pesto schmeckt mit mehligen Kartoffeln aus der alten Ernte und mit neuen Kartoffeln. Die alten Kartoffeln werden – wie oben beschrieben – gekocht und zerdrückt. Neue Kartoffeln werden gewaschen, mit der Schale in kleine Würfel geschnitten und in 1 EL Öl gebraten. Dann etwas abkühlen lassen und mit dem Pesto mischen.

Auf Sparflamme schalten

Für viele Menschen gehören Entschlacken und Heilfasten zum Frühling, weil man sich dabei einfach gut fühlt und dieses Wohlbefinden noch über Wochen anhält. Der Körper wird überflüssiges Wasser und damit auch unerwünschte Stoffwechselprodukte los. Verdauen kostet Energie – bekanntlich sind wir nach reichlichem Essen müde. Beim Fasten bleibt uns diese Energie für andere körperliche und geistige Tätigkeiten: Im Idealfall sind Verstand und Sinne, Bewusstsein und Fantasie geschärft. In jeder Kultur, jeder Religion fasten die Menschen, weil sie Freude oder Schuld spüren, Strafe abwenden oder Buße tun wollen, weil sie einen neuen Lebensabschnitt beginnen oder eine große Aufgabe in Angriff nehmen.

Frühjahrskur

Gemüse, Obst und Kräuter regulieren den Säure-Basen-Haushalt und helfen aufgrund des hohen Kaliumgehaltes beim Entwässern und bei der Ausscheidung von Schadstoffen. Ballaststoffreiches Essen wie Frischkornmüsli oder Vollkornbrot reinigt den Darm von schädlichen Keimen und bringt die Verdauung in Schwung. Deshalb sind diese Lebensmittel die Basis für die entschlackende Frühjahrskur. Eine richtige Heilfastenkur dagegen besteht aus drei Phasen: Man beginnt mit ein

---

Was Heilfasten bewirkt

- Es hebt die Stimmung, weil es das Glückshormon Serotonin leichter verfügbar macht.
- Es bedeutet innere Einkehr, sodass wir einen ungesunden Lebensstil überdenken und leichter ändern können.
- Es beeinflusst Stoffwechsel und Hormonhaushalt günstig: Indem der Organismus auf Sparflamme läuft, bildet er mehr körpereigenes Cortisol. Als Entzündungshemmer und Schmerzstiller wirkt Cortisol gegen Migräne und Rheuma.
- Beim Fasten kann sich der Verdauungsapparat erholen und die Darmflora sich regenerieren.
- Indem wir unsere Ernährung radikal zurückschrauben, werden uns schlechte Essgewohnheiten eher bewusst.
- Beschädigte Zellbausteine und Proteine werden abgebaut und quasi entsorgt. Diese Verjüngung der Zellen schützt möglicherweise vor altersbedingten Leiden wie Demenz.

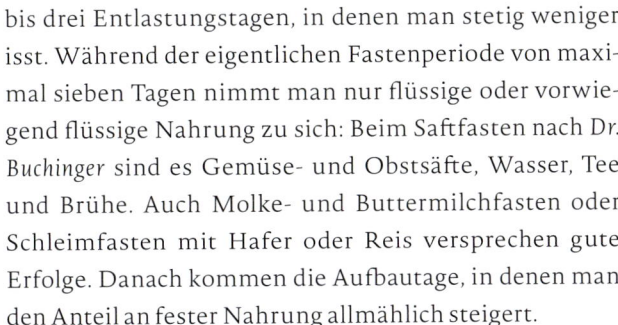

Fasten hat seinen Ursprung in Vorstellungen, die weit in Zeit und Raum greifen. Indianische Jugendliche hungerten, um im Traum ihrem Schutzgeist zu begegnen, der sie künftig in der Welt der Erwachsenen begleiten sollte. Schamanen und Medizinmänner fasten, um den Körper zu reinigen und sich magische Kräfte anzueignen. Der Jäger hat gefastet, als die Jagd noch ein lebensgefährliches Unternehmen zur Sicherung des Überlebens war.

bis drei Entlastungstagen, in denen man stetig weniger isst. Während der eigentlichen Fastenperiode von maximal sieben Tagen nimmt man nur flüssige oder vorwiegend flüssige Nahrung zu sich: Beim Saftfasten nach *Dr. Buchinger* sind es Gemüse- und Obstsäfte, Wasser, Tee und Brühe. Auch Molke- und Buttermilchfasten oder Schleimfasten mit Hafer oder Reis versprechen gute Erfolge. Danach kommen die Aufbautage, in denen man den Anteil an fester Nahrung allmählich steigert.

Religiöses Fasten

Gemüse und Obst, süße und herzhafte Mehlspeisen, Nudeln, Reis und Getreide, Salat, Nüsse und Kräuter dürfen gläubige Menschen während der Fastenzeit essen, doch Fleisch, Wurst und Schinken sind verboten. Dass Fisch (wie übrigens auch Otter, Biber und alle Wasservögel) zu den Fastenspeisen zählt, verdanken wir den Kirchenvätern: Fisch symbolisiere die Reinheit und nicht die Begierde, wie es beim Fleisch der Fall sei. Die pragmatische Erklärung ist allerdings weit simpler: Bis weit ins 20. Jahrhundert war die Ernährung der meisten Menschen ziemlich karg, und man hätte auf das wertvolle und einst auch preiswerte Nahrungsmittel Fisch kaum verzichten können.

Ein Aschermittwochs-Essen aus Münster sind getrocknete Erbsen, die mit Brühe, reichlich Zwiebeln, Essig, dicker Schwitze aus Schmalz und Mehl gekocht und zu Heringen serviert werden. Die einen schwören darauf, dass dieses Gericht Leib und Seele nach dem Karneval wieder ins Lot bringe. Die anderen sehen es als verdiente Buße für übermäßiges Zechen an. Eine beliebte Fastenspeise in Griechenland sind Taramokeftédes, Frikadellen aus gekochten Kartoffeln, Fischrogen, Zwiebeln und Gewürzen.

Grünkerngratin mit Gemüse

Zutaten für 4 Portionen

125 g Grünkernschrot

100 g Sahne

125 ml Milch

70 g geriebener Käse

800 g Blumenkohl-röschen, junge Möhren und Zucchini, gemischt

1 kleine Zwiebel

1 Knoblauchzehe

2 EL Öl

125 ml Gemüsebrühe

Salz nach Belieben

1 EL Butter

1 Grünkernschrot mit Sahne, Milch und 1 EL Käse mischen und etwa 20 Minuten zugedeckt ziehen lassen. Inzwischen Blumenkohl, Möhren und Zucchini waschen und grob zerkleinern. Die Zwiebel und den Knoblauch schälen, fein zerkleinern und in einer Pfanne mit dem heißen Öl glasig braten. Das Gemüse hinzu-fügen, mit Salz würzen und anbraten.

2 Die Brühe zugießen, einmal aufkochen und das Gemüse zugedeckt 5 Minuten garen. Dann in eine Gratinform geben, Grünkernmischung darüber vertei-len und mit dem restlichen Käse bestreuen.

3 Die Butter in kleine Stücke schneiden und auf den Käse legen. Gratin im vorgeheizten Backofen bei 220 °C etwa 25 Minuten backen, bis der Grünkern knusprig ist.

Tipp

Der Gratin mit reichlich Kohlenhydraten, Protein und Gemüse ist vor allem mittags gut für den Energieschub. Abends sollten Sie ihn nicht zu spät essen.

Das grüne Korn

Grünkern gehört zur Karwoche – denken Sie an Grünkernsuppe zu Gründon-nerstag. Schriftlich erwähnt wurde der unreif geerntete Dinkel um 1750. Die Herstellung begann aber vermutlich 400 Jahre früher, weil sich damals das Klima verschlechterte; die Winter waren lang, die Sommer kalt und nass. Da-mit der Dinkel nicht auf den Feldern verfaulte, schnitten die Bauern die unrei-fen Ähren. Die Körner darin waren noch nicht hart, sondern weich und milchig und mussten haltbar gemacht werden. So trocknete man das Getreide über Holzkohlenfeuern, bis man es dreschen und lagern konnte. Die Vorteile dieses *Darrens* wurden rasch erkannt: Erstens ist Grünkern leichter verdaulich als aus-gereifter Dinkel, zweitens sind die »grünen« Körner schnell gar und drittens schmecken sie mit ihrem leichten Räucheraroma besonders interessant.

Bärlauch-Quiche ☽

Zutaten für 4-5 Portionen

Für den Teig

300 g Mehl

1/2 TL Salz

1/2 TL abgeriebene Bio-Zitronenschale

150 g Butter

4-5 EL Joghurt

Für den Belag

100 g mittelalter Goudakäse

50 g gekochter Schinken in dünnen Scheiben

1 Bund Bärlauch

150 ml Milch

2 EL Schmand

5 Eier

Salz nach Belieben

Frisch gemahlener Pfeffer

Für den abendlichen Biorhythmus sollte das Essen nicht zu viel und nicht zu fett, dafür ausgewogen an Proteinen und Kohlenhydraten sein.

1 Für den Teig das Mehl mit dem Salz und der Zitronenschale in einer Schüssel vermischen. In die Mitte des Mehls eine Mulde drücken und die Butter in kleinen Stücken hineingeben. Den Joghurt über der Butter verteilen.

2 Nun alles mit den Knethaken des Handrührgeräts vermischen, dann mit den Händen auf der Arbeitsfläche rasch zu einem glatten Mürbeteig verkneten.

3 Mit dem Teig eine gefettete Backform von 28 cm Durchmesser auslegen und einen Rand hochziehen. Den Teig mit einer Gabel mehrmals einstechen und 1 Stunde kühlen.

4 Inzwischen für den Belag den Käse reiben und den Schinken fein zerkleinern. Den Bärlauch waschen und trockentupfen. Dann die harten Stiele entfernen und die Blätter mit einem scharfen Messer fein schneiden.

5 In einer Schüssel die Milch mit dem Schmand verrühren. 2 Eier, den Käse, den Schinken und den Bärlauch hinzufügen. Alles mit Salz und Pfeffer würzen und gut verrühren.

6 Diese Bärlauchmischung auf dem Teigboden verteilen. Die restlichen 3 Eier aufschlagen und auf die Mischung gleiten lassen. Die Quiche im vorgeheizten Backofen bei 200 °C (Umluft 180 °C, Gas Stufe 3) etwa 30 Minuten backen, bis die Eier gestockt sind.

Tipp

Mürbeteig wird schön knusprig, wenn Sie die Zutaten erst mit dem Handrührgerät nur so lang vermischen, bis sie zusammenhalten, und dann den Teig rasch mit kalten Händen verkneten.

Die Kraft des Grüns

Kräuterkundigen ist Bärlauch als Heilmittel schon seit Jahrtausenden bekannt: Er entschlackt den gesamten Organismus, sodass alle Körperfunktionen zu ihrem natürlichen Gleichgewicht finden: Kreislauf und Blutdruck, Herzschlag und Atmung, Nieren und Blase. Regelmäßiges Entgiften fördert die Verdauung und sorgt für eine gesunde Darmflora, und das ist entscheidend für ein intaktes Immunsystem.

Natürlich können Sie Bärlauch kaufen. Die Nachfrage ist mittlerweile so groß, dass die Blätter selbst in den Gemüse-

Tipp
Entschlacken und die Zellen mit Proteinen füttern - das ist Biorhythmus-Essen für unsere Hauptmahlzeiten im Frühling.

abteilungen der Supermärkte liegen – leider nicht immer taufrisch und deshalb auch nicht mehr besonders reich an guten Wirkstoffen. Viel besser ist es also, Sie sammeln die Blätter selbst (→ Adressen auf Seite 218): Vor der Blüte im April und Mai sind Aroma und Kraft der Pflanze besonders intensiv. Sie werden spüren, wie sich Ihr Körper nach den dunklen Wintermonaten langsam wieder regeneriert.

Brennnesselspinat-Eierkuchen

Zutaten für
4 Portionen

Für die Eierkuchen

250 g Dinkelmehl
Type 630

1 TL Trockenhefe

1/2 TL Salz

3 Eier

Etwa 1/2 l fettarme
Milch (1,5 %)

Öl oder Butterschmalz
zum Backen

Für den
Brennnesselspinat

500 g Brennnesseln

1 mehlige Kartoffel

1 Zwiebel

1 Knoblauchzehe

2 EL Öl

1 TL Chilipulver

1/2 TL Salz

1 TL Zucker

100 ml Gemüsebrühe

3-4 EL geriebener
Parmesan

1 Das Dinkelmehl mit der Hefe und dem Salz in einer Schüssel mischen. Zuerst die Eier, dann die Milch darunter rühren. Den Teig zugedeckt 30 Minuten ruhen lassen.

2 Inzwischen für den »Spinat« die Brennnesseln gründlich waschen, trockenschleudern und grob zerkleinern. Die Kartoffel schälen, waschen und würfeln, Zwiebel und Knoblauch schälen und fein zerkleinern.

3 Das Öl in einem Topf erhitzen, Brennnesseln, Kartoffeln, Zwiebel und Knoblauch darin bei mittlerer Hitze unter Rühren anbraten. Mit Chilipulver, Salz und Zucker würzen. Nun die Brühe zugeben, aufkochen und den Brennnesselspinat etwa 10 Minuten garen, bis die Kartoffeln weich sind. Dann mit dem Kartoffelstampfer zerdrücken und den Brennnesselspinat einige Male kräftig durchrühren.

4 Aus dem Teig in einer beschichteten Pfanne mit heißem Öl oder Butterschmalz acht Eierkuchen backen und im Backofen warm halten. Dann zum Anrichten jeden Eierkuchen auf der Arbeitsfläche ausbreiten, mit Brennnesselspinat belegen, aufrollen und mit Parmesankäse bestreut servieren.

Frühlings-Entschlacker: Brennnesseln

Sie wachsen so ziemlich überall und gedeihen mit Vorliebe an magischen Punkten, wo sich Erdstrahlen kreuzen, wo die Wünschelruten ausschlagen. Tatsächlich steckt eine Menge Kraft in Brennnesseln, die uns im Frühling hilft, den Körper zu entgiften: Brennnesselsaft fördert Verdauung und Wasserausscheidung, und mit einem Gemüse aus Brennnesselblättern bekommen Sie reichlich Kieselsäure für gesunde Haut, schöne Haare und kräftige Nägel.

Polenta mit Frühlingsgrün

**Zutaten für
4 Portionen**

1 kleine Zwiebel

1 TL Öl

1 l Gemüsebrühe

250 g Instant-Polenta

4 Handvoll Grünes
(→ rechts)

4 Eier

200 g körniger
Frischkäse

Salz nach Belieben

Cayennepfeffer

1/2 TL gemahlener
Koriander

50 g geriebener
Bergkäse

Butter für die Form

Wissen
Eier mögen wir in der
ersten Tageshälfte am
liebsten, weil sie Protein
liefern. Die Polentaschnitten
passen deshalb zu Brunch
und Mittagessen.

1 Die Zwiebel schälen, fein zerkleinern und in einem großen Topf mit dem heißen Öl glasig braten. Die Gemüsebrühe zugießen und einmal aufkochen. Nun die Polenta unterrühren und erneut aufkochen, dann den Deckel halb auf den Topf legen, und die Polenta auf der abgeschalteten Kochstelle in etwa 10 Minuten zu einem dicken Brei quellen lassen.

2 Das Grün verlesen, waschen, trockentupfen und ganz fein zerkleinern, dabei alle harten Stiele entfernen.

3 Die Eier trennen und zuerst die Eigelbe, dann den Frischkäse und zum Schluss das Grün unter die warme, aber nicht mehr heiße Polenta rühren. Die Mischung mit Salz, Cayennepfeffer und Koriander würzen.

4 Die Eiweiße steif schlagen und auf den Polentateig geben. Etwa die halbe Menge Käse darüber streuen und nun alles mit einem Kochlöffel vermischen. Den Teig in einer gefetteten, mit Backpapier ausgelegten Kastenform glatt streichen und mit dem restlichen Käse bestreuen.

5 Die Polenta im vorgeheizten Backofen bei 180 °C etwa 50 Minuten backen, bis sie leicht gebräunt ist. Aus der Form stürzen, in Scheiben schneiden und heiß mit Salat und/oder Tomatensauce servieren.

Natürlich gut

Haben Sie schon mal darauf geachtet, wie grün der Frühling in Garten, Wald, Flur und – in der Küche ist? Küchenkräuter wie Rosmarin, Thymian und Estragon treiben wieder aus, beim Spaziergang können wir Bärlauch und andere Wildkräuter pflücken. Im Gemüsebeet wachsen Zwiebel- und Knoblauchgrün, Spinat und Schnittsalat sind erntereif. Den letzten Feldsalat kann man verwenden, solange die Blätter noch eine Rosette bilden. Erst wenn sich die Pflänzchen strecken, beginnen sie auch bald zu blühen und verlieren ihr Aroma. Von den Erbsen können Sie die zarten Triebe vorsichtig abknipsen. Und vielleicht nehmen Sie auch noch ein paar Blätter von Radieschen, Roten Beten und Kohlrabi – aber nicht zu viel abschneiden, damit das Gemüse weiter wachsen kann und die Knollen reifen können.

Viele Gerichte der traditionellen Frühlingsküche gehen geradezu verschwenderisch mit dem Grünen um. Die Menschen wussten ganz genau, wie wir unseren Biorhythmus im Frühling ankurbeln – mit vitamin- und mineralstoffreichem Grün!

Im Biorhythmus

Das Loblied auf Knoblauch brauche ich Ihnen gewiss nicht mehr zu singen – dass die Knolle zum gesündesten Gewürz gehört, das die Natur uns schenkt, wissen die Menschen schon sehr lang, und sie nutzen daher die Heilkraft von Knoblauch entsprechend. Auch der Volksglaube schreibt Knoblauch eine ganze Reihe magischer Kräfte zu: Wer Knoblauch und Salz aus dem Haus gibt, verliert sein Glück. Die Knolle soll den bösen Blick bannen und uns Vampire buchstäblich vom Hals halten.

Für unseren Biorhythmus ist Knoblauch mittags am besten, denn der Wirkstoff Allicin darin reguliert den Fettstoffwechsel und passt deshalb zu allen Mahlzeiten bis etwa 15:00 Uhr. Danach reduziert der Körper die Verdauungstätigkeit. Das heißt, wir wollen langsam zur Ruhe kommen und mögen jetzt leichte Kost am liebsten. Bedenken Sie auch, dass fettreiches Essen abends die Nachtruhe stören kann, weil es die innere Uhr aus dem Takt bringt, wie amerikanische Untersuchungen mit Mäusen gezeigt haben.

In Rezept rechts sind Kartoffeln aus der alten Ernte mit frischem Frühlings-Knoblauch kombiniert. Denn für gute Puffer brauchen Sie mehlige Knollen, während der Dip dazu nur mit jungem Knoblauch schmeckt.

Kartoffelpuffer mit Knofeldip ✳

**Zutaten für
4 Portionen**

Für den Dip

1 Bund Petersilie

2 große frische
Knoblauchknollen

3 EL Olivenöl

2 EL Zitronensaft

200 g Rahmfrischkäse

2 EL Crème fraîche

Salz nach Belieben

Cayennepfeffer

Für die Kartoffelpuffer

1 kg mehlige oder vor-
wiegend festkochende
Kartoffeln

1 Zwiebel

1 Ei

2 EL Dinkelmehl
Type 630

1 TL Salz

Öl zum Braten

1 Die Petersilie waschen, trockentupfen und grob zerkleinern. Die Knoblauchknollen in die Zehen teilen und schälen. Dann in einer Pfanne mit dem heißen Olivenöl unter ständigem Wenden bei mittlerer Hitze braten, bis sie hellgelb und weich sind.

2 Die Petersilie zugeben und einige Sekunden kurz mitbraten, bis sie intensiv grün ist. Nun Knoblauch und Petersilie mit dem Bratöl, dem Zitronensaft, dem Rahmfrischkäse und der Crème fraîche im Mixer oder mit dem Blitzhacker pürieren. Diesen Dip mit Salz und Cayennepfeffer abschmecken und bis zum Servieren zugedeckt kühlen.

3 Die Kartoffeln schälen, waschen und in eine Schüssel reiben. Die Zwiebel schälen und fein zerkleinern, zu den Kartoffeln geben, dann Ei, Mehl und Salz zufügen und alles verrühren.

4 Reichlich Öl in einer großen beschichteten Pfanne erhitzen, pro Puffer 2 EL Teig hineingeben und zu einem Fladen auseinanderdrücken.

5 Die Puffer pro Seite bei mittlerer bis schwacher Hitze etwa 5 Minuten braten, herausnehmen, auf Küchenpapier abtropfen lassen und warm halten, bis alle Puffer gebacken sind.

6 Die Puffer nun heiß mit der kalten Knoblauchcreme servieren. Außerdem passt gebeizte Lachsforelle (→ Seite 46) oder Räucherlachs dazu.

Wissen
Knoblauch und Fett sind für unseren Biorhythmus gut bis zum Nachmittag. Ab 17:00 Uhr sollten wir leichter essen.

Bohnenfrikadellen mit Hirse

Zutaten für
4 Portionen

100 g getrocknete
weiße Bohnenkerne

1 Zwiebel

1 Knoblauchzehe

2 EL Olivenöl

100 g Hirse

500 ml Gemüsebrühe

1 Bund Petersilie

50 g gemahlene
Mandeln

1 Ei

Salz nach Belieben

Cayennepfeffer
nach Belieben

4 EL Öl zum Braten

1 Für die Vorbereitung die getrockneten Bohnen über Nacht in reichlich kaltem Wasser einweichen.

2 Für die Zubereitung die Zwiebel und den Knoblauch schälen, fein zerkleinern und in einem Kochtopf mit dem Olivenöl bei schwacher Hitze anbraten, bis die Zwiebel glasig ist.

3 Die Bohnen auf ein Sieb abgießen, die Hirse ebenfalls auf das Sieb geben und alles kalt abspülen, dann in den Topf zur angebratenen Zwiebel geben. Die Gemüsebrühe unter Rühren zugießen, einmal aufkochen und alles zugedeckt bei schwacher Hitze in 35 bis 40 Minuten kochen, bis Bohnen und Hirse sehr weich sind.

4 Den Topf von der Kochstelle nehmen und die Bohnen und die Hirse zugedeckt noch etwa 30 Minuten quellen und dabei lauwarm abkühlen lassen.

5 Die Petersilie waschen, trockentupfen, fein zerkleinern, zu den Bohnen mit der Hirse geben und die Mandeln, das Ei, Salz und Cayennepfeffer hinzufügen. Alles mit einer Gabel mischen und mit den Händen gut durchkneten, bis der Teig wie Frikadellenteig gut zusammenhält.

6 Aus dem Teig 12 Frikadellen formen und in einer beschichteten Pfanne mit dem Öl bei mittlerer Hitze auf jeder Seite etwa 5 Minuten braten.

Tipp
Vegetarische Frikadellen enthalten nur wenig Fett, aber viele Ballaststoffe. Und die sind ein wirksamer Schutz gegen Dickdarmkrebs.

> **Wissen**
> Ob traditionell aus Hackfleisch oder vegetarisch mit Bohnen und Getreide gemischt – Frikadellen sind reich an Protein und passen deshalb mittags und abends.

Gebeizte Lachsforelle

Zutaten für 6 Portionen

1 küchenfertige Lachsforelle (1,5 kg)

Saft von 1 Zitrone

125 ml Weißweinessig

250 ml Wasser

Je 1/2 EL Wacholderbeeren, Korianderkörner, Senfkörner und weiße Pfefferkörner

2 Bund Dill

1 Bund Petersilie

2 frische Lorbeerblätter

3 EL grobes Meersalz

1 1/2 EL Zucker

Für die Zitronenbutter

250 g weiche Butter

2-3 EL Zitronensaft

1/2 TL abgeriebene Bio-Zitronenschale

1/2 TL Meersalz

Frisch gemahlener schwarzer Pfeffer

Zum Anrichten

Vollkornbrot

Ungeschälte Sesamsamen

1 Die Lachsforelle vom Züchter oder Fischhändler in die beiden Filets teilen, aber nicht häuten lassen. Zu Hause die Filets in eine flache Porzellanform legen.

2 Die Zitrone auspressen, den Saft mit Essig und Wasser mischen und über die Filets gießen. Die Lachsforelle nun zugedeckt 8 Stunden kühlen. Danach die Flüssigkeit abgießen und die Fischfilets trockentupfen.

3 Wacholder, Koriander-, Senf- und Pfefferkörner in einem Mörser grob zerkleinern. Dill, Petersilie und Lorbeerblätter waschen, trockentupfen und fein hacken. Nun mit den zerkleinerten Gewürzen, Salz und Zucker mischen.

4 Die Fleischseiten der Fischfilets mit dieser Mischung bestreuen, dann die Filets mit den Hautseiten nach außen aufeinanderlegen und wieder in die Porzellanform geben. Den Fisch mit Butterbrotpapier abdecken und beschweren.

5 Den Fisch in den Kühlschrank stellen und mindestens 24 Stunden beizen; dabei drei- bis viermal mit der Flüssigkeit begießen, die sich beim Beizen bildet.

6 Für die Zitronenbutter die Butter mit dem Zitronensaft glatt rühren, mit Zitronenschale, Salz und Pfeffer würzen.

7 Zum Anrichten die Würzmischung von der Lachsforelle streifen. Die Filets mit der Hautseite nach unten auf ein Brett legen und mit einem scharfen Messer in dünnen Scheiben von der Haut schneiden.

8 Vollkornbrotscheiben mit Zitronenbutter bestreichen, mit Fisch belegen und mit Sesam bestreuen.

Wissen

Proteinreicher Fisch ist genau richtig, wenn wir in Ruhe genießen. Gebeizte Lachsforelle passt zum Oster-brunch oder als Vorspeise zum festlichen Menü.

Achtsam sein

Sie können auch frische Forellen, Saiblinge und selbstverständlich Lachs auf diese Weise zubereiten. Für Kühlen und Beizen müssen Sie 1 1/2 Tage rechnen. Der fertig gebeizte Fisch hält sich in der Lake zugedeckt im Kühlschrank etwa 3 Tage frisch.

Lachsforellen stammen aus Aquakulturen; Sie können sie direkt beim Züchter kaufen und sich dabei vergewissern, wie die Tiere gehalten werden. Adressen finden Sie im Internet, wenn Sie das Stichwort »Forellenzüchter« eingeben. Ursprünglich war Lachsforelle der Name für Meerforellen, die wie Wildlachse zwischen Süß- und Salzwasser wandern. Da diese Fische sich im Meer überwiegend von Garnelen ernähren, ist ihr Fleisch rötlich gefärbt. Inzwischen handelt es sich bei Lachsforellen meist um besonders große Regenbogenforellen aus der Fischzucht, deren Futter mit Carotin angereichert wird. Der Geschmack ihres zarten, aromatischen Fleisches hängt stark von Wasserqualität und Futter in den Zuchtanlagen ab. Es lohnt sich also, kritisch bei der Auswahl des Züchters zu sein oder bei einem Fischhändler zu kaufen, der auf Qualität achtet.

Ostern

Frühlingsfeste gab es zu allen Zeiten und bei allen Völkern. Sie sind genauso universal wie Fastenzeiten. Deshalb feierten die Christen Ostern im Frühling – genau wie die Juden Pessach, die Perser Noruz, die Chinesen Neujahr, das nach dem Mondkalender zwischen Ende Januar und Mitte Februar stattfindet.

Wie jedes große und wichtige Fest verbinden wir Ostern mit Ritualen und mit gutem Essen. Das Besondere an Ostern aber ist, dass bestimmte Osterspeisen Symbolkraft besitzen und mit den Osterbräuchen verbunden sind. So bringt man in allen katholischen Ländern das Osterkörbchen zur Weihe in die Kirche: Auf Moos gebettet ruht darin als Blickfang das Osterlämmchen aus Kuchenteig, darum gruppieren sich bunt gefärbte Eier, ein Töpfchen mit Salz, eine dicke Scheibe Brot und ein ordentliches Stück Schinken. Bauern schenkten früher das Brot den Pferden, die ihnen bei der Arbeit halfen, das Salz den Ziegen, die Milch für den Käse gaben. Ein paar Eier wurden fein zerkleinert an die Hühner verfüttert, um sie weiter zum Eierlegen zu ermuntern. Den Rest – Ostereier, Lämmchen und Schinken – aß man selbst.

Hohe Feste strukturieren den Jahreslauf – Wissenschaftler sprechen von zirkannualen Zeitgebern. Frühlingsfeste folgen dem kollektiven Biorhythmus, und so ist das Fest der Auferstehung Christi immer auch das Fest der neu erwachten Natur.

Diese Speisenweihe ist einer der ältesten bekannten christlichen Bräuche. Bereits im 9. Jahrhundert hat man sie in Rom bei den österlichen Feiern vollzogen. Im Mittelalter weihte man Produkte des Alltags wie Brot, Milch und Käse, doch auch kostbare Lebensmittel, die sich damals nur wenige Menschen leisten konnten: Honig, das Fleisch vom Osterlamm und Butter. Auch Pflanzen, die wir heute wegen ihrer Würze schätzen, brachte man ihrer Heilwirkung wegen zur Weihe, zum Beispiel Meerrettich, den man gegen Fieber einsetzte, oder Knoblauch, der immer als lebensverlängernd galt.

Ostergebäck …

… gibt es in allen christlichen Ländern: Bis zum 14. Jahrhundert wurde an Ostern nach Vorbild des jüdischen Pessachfestes ungesäuertes Brot geweiht, das man zu Fladen buk. Daran erinnert noch der traditionelle Osterfladen. Im Laufe der Zeit wurden die einfachen Fladen verfeinert – zunächst nur mit weißem Mehl: »Hasenbrot« nannte man in Lothringen ein feines, lockeres Weizenbrot im Gegensatz zum üblichen groben Bauernbrot aus Roggen oder Gerste.

In Bayern isst man Hefefladen – entweder mit einem Guss aus Eiern und Sahne oder mit Quarkfüllung. Manche Haus-

frauen geben auch geraspelte Äpfel und Nüsse in den österlichen Fladen. Der sächsische Osterkranz mit einer eingerollten Füllung aus gehackten Mandeln, Zucker, Korinthen, Sahne und Rum wird mit Puderzuckerguss und bunten Zuckereiern verziert. Für fränkischen Osterfladen kommt eine süße Creme aus Quark, Sahne, Eiern, Zitrone, Zimt oder Vanille in die Mitte des ausgerollten Hefeteigs. Nun schlägt man die breiten Seiten des Teiges so nach innen, dass sie sich in der Mitte berühren und die Füllung gerade eben bedecken.

Das Kuchenlämmchen mit der weißen Puderzuckerschicht symbolisiert das strahlende Licht, das den auferstandenen Heiland umgab.

Das Kuchenlämmchen zu Ostern erzählt die Geschichte von Passion und Auferstehung: Die weiß-gelbe Fahne bedeutet Christi Sieg über Sünde und Tod. Das rote Band symbolisiert das Blut, das Jesus aus Liebe zu den Menschen vergossen hat; es verheißt neues Leben und die Wärme des beginnenden Jahres. Das Glöckchen erinnert daran, dass sich der Sohn Gottes dem Willen seines Vaters unterworfen hat.

Rührei mit Wildkräutern

Zutaten für 2 Portionen

1 Handvoll gemischte Wildkräuter wie Vogelmiere, Spitzwegerich, Hirtentäschel und Rotklee

1 EL Butter

4 Eier

1 EL Sahne

Salz nach Belieben

Frisch gemahlener Pfeffer

1 Die Kräuter in einer Schüssel mit kaltem Wasser waschen, auf ein Sieb abgießen, sehr gut trockentupfen und ganz fein zerkleinern.

2 Die Butter in einer Pfanne bei schwacher Hitze heiß werden lassen. Die Eier mit Sahne, Kräutern, Salz und Pfeffer verrühren und in die Butter geben.

3 Nun die Eier bei schwacher Hitze braten, bis sie am Rand fest, in der Mitte aber noch flüssig sind. Mit der Backschaufel zusammenschieben, damit sich das bereits gestockte mit dem flüssigen Ei mischt.

4 Die Rühreier auf leicht vorgewärmten Tellern anrichten, nach Wunsch mit grobem Pfeffer bestreuen und sofort servieren.

Wissen
Eier zu Frühstück und Brunch sind leicht verdaulich und liefern wertvollste Proteine auch bei vegetarischer Ernährung.

Tipp
Rührei müssen Sie gleich aus der Pfanne servieren, damit die cremige Konsistenz erhalten bleibt.

Gute Tradition
Das bekannte schnelle Essen stammt eigentlich aus der Bauernküche: Eier für die Proteinversorgung standen viel eher zur Verfügung als Fleisch oder Fisch. Auch die Wildkräuter dazu sind typisch für eine ganz natürliche Küche, denn man hat nicht ausgewählt, sondern gesammelt, was gerade wächst. Und dabei geben die wilden Kräuter ein ganz besonderes Aroma, das auch aus einem schlichten Rührei etwas Besonderes macht. Servieren Sie Selbstgebackenes dazu, z. B. Vierkornbrot (→ Seite 160) oder Focaccia (→ Seite 92).

Gefüllte Eier

**Zutaten für
4 Portionen**

4 große Eier

4 Zweige frischer Dill

100 g saure Sahne

1 EL Crème fraîche

1 TL Zitronensenf

Einige Tropfen
Zitronensaft

1 TL Öl

1 Die Eier in etwa 8 Minuten hart kochen, dann kalt abschrecken und abkühlen lassen. Mit Hilfe eines scharfen Messers in der Schale halbieren. Eiweiß und Eigelb mit einem Löffel aus den Schalen lösen, auf ein Arbeitsbrett geben und hacken.

2 Den Dill waschen, trockentupfen, fein zerkleinern und dabei die harten Stiele entfernen. Dill, gehackte Eier, saure Sahne, Crème fraîche, Senf, Zitronensaft und Öl in eine Schüssel geben und vermischen.

3 Die Eierschalen mit dieser Eiermischung füllen und nach Wunsch mit Kräuterblättchen garnieren. Mit Toastbrot oder frischen Brötchen servieren.

Wissen
Eier liefern Vitamine,
Eisen und Proteine,
die den Biorhythmus
sanfter steuern als Eiweiß
in Fleisch.

Eier sind kostbar

In meiner Kindheit waren Eier den Winter über knapp, weil normal gehaltene Hühner in der kalten Jahreszeit nicht legen. Inzwischen pfercht man die bedauernswerten Legehennen auf engstem Raum zusammen, damit sie ihr kurzes, qualvolles Leben ausschließlich als Eierproduzenten fristen. Nur deshalb stehen Eier für einen Spottpreis rund ums Jahr stapelweise in Kartons verpackt zur Verfügung. Und so vergessen wir leider zu oft, dass Eier zu den wertvollsten, weil nährstoffreichsten Lebensmitteln überhaupt gehören. Sie sind Schnellgericht und Fertigprodukt in einem, die Natur hat sie in ein geradezu perfektes Recycling-Frischhaltegefäß verpackt und demonstriert uns am Ei die Entstehung des Lebens wie in einem Dokumentarfilm: Wer schon einmal Küken beim Schlüpfen beobachten durfte, begreift, dass die Henne ihre Eier für den Erhalt ihrer Art und nicht für unser Frühstück legt. Dass dennoch genügend Eier für unsere Ernährung übrig bleiben, sollten wir ihr danken, indem wir prinzipiell Eier von freilaufenden Hühnern essen und lieber auf Eier verzichten, die aus der Boden- oder gar Volierenhaltung stammen. Viele Menschen essen aus Tierschutzgründen überhaupt keine Eier. Doch bedenken Sie, dass Bio-Bauernhöfe mit artgerecht gehaltenen Tieren nur überleben können, wenn wir ihre Produkte kaufen. Sonst überlassen wir das Feld den Betrieben, die ihren Profit der inhumanen Massentierhaltung verdanken.

Bei einem Besuch auf dem Bio-Bauernhof kann man sich davon überzeugen, dass Hühner in freier Natur mit genügend Auslauf wirklich glückliche Tiere sind, die sich über mitgebrachte Salatblätter, jungen Löwenzahn oder fein zerkleinertes altes Brot richtig freuen.

Gebratener Spargel ☀

**Zutaten für
4 Portionen**

500 g weißer Spargel

Je 2 Zweige Estragon
und Petersilie

2 EL Olivenöl

2 EL Butter

1 TL Zucker

50 g Pinienkerne

1 kleines Ei

Salz nach Belieben

Frisch gemahlener
Pfeffer

4 große Eier

Tipp
Spargel ist gut in der ersten
Tageshälfte, weil er die Nieren
anregt. Nur »Eulen« fühlen
sich mit einem Spargelessen
auch abends wohl.

1 Den Spargel waschen, schälen und in etwa 5 cm lange Stücke schneiden, die Kräuter waschen, trockentupfen und fein zerkleinern.

2 Das Öl und 1 EL Butter in einer beschichteten Pfanne erhitzen. Den Spargel darin bei mittlerer Hitze unter ständigem Wenden rundherum anbraten, aber nicht bräunen. Dann mit dem Zucker bestreuen und zugedeckt bei schwacher Hitze etwa 5 Minuten dünsten.

3 Die Pinienkerne und die Kräuter zum Spargel geben. Das kleine Ei mit Salz und Pfeffer verquirlen und darüber gießen. Spargel und Pinienkerne noch etwa 3 Minuten braten. Auf vorgewärmten Tellern verteilen und zugedeckt warm halten.

4 Die restliche Butter in der Pfanne erhitzen. Die großen Eier aufschlagen und in die Butter gleiten lassen. Mit Salz und Pfeffer würzen und in etwa 2 Minuten zu Spiegeleiern braten. Die Spiegeleier neben dem Spargel anrichten, alles mit der Bratbutter aus der Pfanne beträufeln und sofort servieren.

Wellness von der Stange

Die westliche Naturheilkunde empfiehlt Spargel für den »Körperputz« im Frühling, wenn unser Biorhythmus sich auf Entschlacken einstellt: Wegen des hohen Gehalts an Kalium entwässert das Edelgemüse den Organismus. Saponine und Bitterstoffe pflegen den Darm und sorgen für eine gute Verdauung – die beste Methode, unser Immunsystem zu unterstützen. Vitamin C hilft der Leber beim Entgiften und der Schilddrüse bei der Produktion von Anti-Stress-Hormonen. Die Traditionelle Chinesische Medizin (TCM) schätzt Spargel, weil er die Lebensenergie stärkt, den Körper von Schadstoffen reinigt und vorbeugend gegen Krebs wirkt.

Das Ostermahl

An Ostern war Braten und Essen des geweihten Fleisches für die Christen immer ein großes Fest – früher beging man es am päpstlichen Hof sogar mit besonderer Feierlichkeit. In Griechenland feiern die Menschen mit Wein, knusprigem Brot und Ostersuppe. Die bekannteste Suppe stammt aus Arkadien und war Auftakt zum Festessen der Hirten: Während das Schaf am Spieß briet, schmorten die Innereien mit duften-

Jesus, der wie ein Opferlamm stumm den Tod erlitt – dieses Bild hat der Apostel Paulus in einem Brief an die Korinther gezeichnet. Unter den Lebensmitteln, die der Priester am Ostersonntag in der Kirche weihte, stand Lammfleisch deshalb im Mittelpunkt.

den Kräutern im Kessel und wurden mit Reis, Kopfsalat, Eiern und Zitronensaft verfeinert. Eier und Fleisch gehören auch in Apulien zum Ostermahl: Das Lamm kommt gesotten mit verquirlten Eiern als Eintopf auf den Tisch. Mein Lieblings-Lammgericht zu Ostern, das ich Ihnen hier vorstelle, ist das Rezept einer türkischen Freundin. Wenn Sie etwas Besonderes dazu servieren wollen, besorgen Sie sich im türkischen Supermarkt junge Dicke Bohnen: Die ausgepulten rohen Samen passen hervorragend zum Fleisch, sind zart, leicht süß und zusammen mit frisch gebackener Focaccia (→ Seite 92) eine köstliche Beilage zum würzigen Fleisch.

Frühlings-Lamm ☀ ☽

Zutaten für 4 Portionen

400 g Lammschulter (ohne Knochen)

1 Bund Frühlings-zwiebeln

125 g Petersilie, Schnittlauch und Dill gemischt

2 EL Öl

2 eingefrorene Tomaten aus dem Vorrat

1 Stück Bio-Zitronenschale

1 getrocknete Chilischote

Salz nach Belieben

1–2 EL Zitronensaft

1 Das Fleisch in gulaschgroße Würfel schneiden. Die Frühlingszwiebeln waschen und mit dem saftigen Grün in ganz feine Röllchen schneiden. Alle Kräuter waschen, trockentupfen, fein zerkleinern und dabei alle harten Stiele entfernen.

2 Das Öl in einem Bräter erhitzen und das Fleisch darin bei starker Hitze rundherum anbraten. Frühlingszwiebeln und Kräuter zugeben und bei schwacher Hitze etwa 5 Minuten unter Rühren schmoren.

3 Die Tomaten, die Zitronenschale und die Chilischote zugeben, alles mit Salz würzen und einige Male umrühren. Den Bräter zugedeckt in den vorgeheizten Backofen schieben und das Fleisch bei 180 °C in etwa 1 Stunde weich schmoren. Mit Zitronensaft abschmecken und mit Couscous oder Reis servieren.

Tipp
Fleisch tut unserem Biorhythmus wohl, wenn wir genügend Zeit zum Kochen und Genießen haben.

Achtsamkeit

Wer auf seinen Körper hört, sollte auch Fleisch nur von artgerecht gehaltenen Tieren kaufen. Denn kritische Berichte über Massentierhaltung, brutale Tiertransporte und Schlachtmethoden haben unser Bewusstsein geschärft und damit einen ganzen Wirtschaftszweig aufgerüttelt. Nun sorgen Erzeuger und Händler selbst für mehr Transparenz: Metzger geben bereitwillig Auskunft über die Herkunft ihrer Produkte, Bio-Höfe veranstalten Tage der offenen Tür. Das sollten wir als Verbraucher nutzen – durch gezieltes Einkaufen und Fragen.

Rote Grütze

Zutaten für
6 Portionen

500 g Süßkirschen

200 g Sauerkrischen

300 g Erdbeeren

200 g Johannisbeeren

100 g Himbeeren

1 Stück Bio-Zitronen-
schale

2 EL Vanillepudding-
pulver

1 EL Himbeer- oder
Johannisbeergelee

Etwa 100 g Zucker

1 Alle Früchte in einer großen Schüssel mit kaltem Wasser waschen, vorsichtig auf ein Sieb geben und abtropfen lassen. Die Süßkirschen und die Sauerkirschen entsteinen, die Erdbeeren abzupfen, die Johannisbeeren mit einer Gabel von den Stielchen streifen.

2 Die vorbereiteten Früchte und die Himbeeren mit der Zitronenschale in einen Topf geben und zugedeckt bei mittlerer Hitze zum Kochen bringen, bis sich Saft bildet.

3 Das Puddingpulver mit 3 bis 4 EL kaltem Wasser glatt rühren und unter die kochenden Früchte rühren und weiterrühren, bis die Grütze dick wird. Nun das Gelee untermischen, die Grütze mit Zucker abschmecken und zugedeckt mindestens 2 Stunden kühlen. Mit Vanillesauce, Eiscreme oder gekühlter Sahne servieren.

Rhabarberstrudel

**Zutaten für
4 Portionen**

80 g Butter zum Be-
streichen und Backen

600 g Rhabarber

200 g Quark (10 %)

1 Ei

2 EL Zucker

1 TL abgeriebene
Bio-Zitronenschale

2 Päckchen Strudelteig
(je 200 g)

200 g Erdbeerkonfitüre

50 g Krokant

2 EL Semmelbrösel

125 ml Milch

1 Die Butter schmelzen, den Rhabarber waschen,
schälen und in kleine Stücke schneiden, den Quark mit
Ei, Zucker und Zitronenschale verrühren.

2 Auf einem Küchentuch 2 Strudelblätter so aufeinan-
der legen, dass ein 50 cm breites Rechteck entsteht.
Dieses mit Butter bestreichen und jeweils etwa 1/3
Quarkcreme, Rhabarber, Konfitüre, Krokant und
Semmelbrösel darauf verteilen. Teig aufrollen und mit
Hilfe des Tuches in eine gefettete Backform geben.

3 Aus den restlichen Zutaten noch zwei Strudel rollen
und nebeneinander in die Form geben, mit der restlichen
Butter bestreichen und im vorgeheizten Backofen bei
200 °C 20 Minuten backen. Den Strudel mit der Milch
übergießen und weitere 25 Minuten backen.

Heiße Erdbeeren ☀ ☽

**Zutaten für
4 Portionen**

Für die Sauce

125 ml Apfelsaft

2 EL Zitronensaft

4 EL Kokoscreme (Dose)

200 g Rahmfrischkäse

2 EL Sahne

Für den Krokant

2 EL kernige
Haferflocken

2 EL Walnusskerne

1 EL Erdnussöl

1-2 EL Ahornsirup
oder Honig

Außerdem

600 g Erdbeeren

1 EL Puderzucker

1 Für die Sauce den Apfelsaft mit dem Zitronensaft und der Kokoscreme in einer Schüssel verrühren.

2 Den Frischkäse zufügen und alles mit dem Stabmixer zu einer cremigen Sauce pürieren und dabei die Sahne zugeben. Die Sauce zugedeckt etwa 2 Stunden kühlen.

3 Für den Krokant die Haferflocken mit den gehackten Nüssen im heißen Öl bei schwacher Hitze rösten, bis die Flocken goldgelb sind. Dann von der Kochstelle nehmen, mit Sirup mischen und abkühlen lassen.

4 Die Erdbeeren waschen, abzupfen und in einem Kochtopf zugedeckt zum Kochen bringen. Sobald sie heiß, jedoch nicht zerfallen sind, auf Portionstellern verteilen und mit dem Puderzucker bestreuen.

5 Die Rumsauce über die Erdbeeren geben, den Krokant darüber streuen und die Erdbeeren heiß servieren.

Gut vom Grill

Das Dessert können Sie auch beim Grillfest servieren: Dazu Sauce und Krokant vorab zubereiten. Die Erdbeeren gewaschen und abgezupft in Aluschälchen geben, mit etwas Öl beträufeln oder mit kleinen Butterstückchen belegen und etwa 10 Minuten grillen.

Tipp
Mittags darf ein Dessert üppig sein, doch abends sollte man mit Fett sparen: Lassen Sie dann den Frischkäse weg.

Achtung beim Öl

Erdnuss-, Sonnenblumen- und Rapsöl können Sie zum Braten verwenden. Andere Nussöle sowie Öl aus Traubenkernen oder Kürbiskernen sollte man nicht erhitzen, weil sich dabei gesundheitsschädliche Stoffe bilden können.

Sommer

Die Blume
ist das Lächeln der Pflanze.

Peter Hille

Sommerfreuden

Faulenzen im Liegestuhl, Picknicken am Strand, Grillen zu Sonnwend oder einfach bei Wein und Bruschetta ein Stückchen Urlaub in den Alltag holen – das ist Sommer pur! Gemeinsam draußen essen macht Spaß, und die Wissenschaft kennt sogar die Gründe dafür. Wenn wir mit Menschen, die wir mögen, an einem schönen Sommertag im Freien ein gutes Essen genießen, takten wir unsere innere Uhr mit den drei wichtigen Zeitgebern Licht, Sozialkontakt und Mahlzeit. Durch Sonnenlicht bildet der Organismus Vitamin D und verringert die Melatonin-Konzentration im Blut – wir fühlen uns fit und leistungsfähig, sind aufmerksam und fröhlich. Der Kontakt mit anderen ist für uns Menschen als Gruppenwesen überlebenswichtig, und wer zu wenig davon bekommt, wird depressiv. Essen stillt selbstverständlich den Hunger, doch es streichelt auch die Seele, weil es uns Freizeit, Muße und Entspannung signalisiert. Das harmonische Zusammenspiel dieser Zeitgeber und unserer inneren Uhr empfinden wir als Lebensqualität.

Essen Sie grundsätzlich im Schatten – am besten unter dem Laubdach eines Baumes, der das Sonnenlicht für seine Energiegewinnung braucht. Uns Menschen schadet pralle Sonne bekanntlich, und wir sollten ihr uns nicht ungeschützt aussetzen.

Sommer mit Würze

Obst schmeckt pur und frisch aus der Hand. Aber beim Blick in fremde Küchen entdecken Sie noch eine ganze Menge kulinarischer Hits, die unsere sommerliche Küche bereichern: Das zitronige Aroma von Minze und Melisse würzt Erdbeeren und Melonen, zum Kompott mit Pfirsichen, Aprikosen und Pflaumen passen Salbei, Rosmarin oder Estragon, Zwetschgenmarmelade schmeckt wunderbar mit je einer kräftigen Prise Pfeffer und Vanille. Koriander – als Kraut oder Samen – schmeckt am Obstsalat mit Beeren und Kirschen, zuckersüße Feigen, Birnen und Mirabellen vertragen sich mit Zitronensaft und einer Spur Chili. All diese Kombinationen nutzen auch der Gesundheit:

Fruchtsäuren in Obst unterstützen den Stoffwechsel, ätherische Öle in Kräutern und Gewürzen *putzen* gewissermaßen den Verdauungstrakt, regen die Produktion von Körpersäften an und wirken entzündungshemmend.

Balance halten!

Manchmal spielt der Biorhythmus auch ein wenig verrückt, denn heiße Sommertage fordern unsere Herzenergie. Heizen Sie sich nicht noch mehr ein durch Hektik und Stress, sondern holen Sie lieber Luft und gönnen Sie sich für ein oder zwei Stündchen die Muße, die man sich in südlichen Ländern um die Mittagszeit nimmt. Das ist besonders wichtig für »Eisbären« unter uns, die sich in der kalten Jahreszeit wohler fühlen. Denn wie man beim individuellen Tagesrhythmus von frühen »Lerchen« und späten »Eulen« spricht, kennt man neben den typischen Wintermenschen auch »Eidechsen«, die erst bei Hitze richtig aufblühen.

Wissen
Lichtmangel bringt auch das Hunger- und Durstgefühl aus dem Takt. Dabei besteht die Gefahr, dass wir entweder zu wenig oder recht unkontrolliert essen. Fliehen Sie also nicht vor der Sommerhitze in abgedunkelte Räume, sondern suchen Sie sich ein schattiges Plätzchen an der frischen Luft.

Pizza-Happen ☽*

Zutaten für 4 Portionen

Für den Teig

200 g Quark (20 %)

1 Ei

1 TL abgeriebene Bio-Zitronenschale

6 EL Öl

3-4 EL Milch

300 g Mehl

3/4 Pkg. Weinstein-Backpulver

1/4 TL Salz

Für den Belag

3 reife Tomaten

1 mittelgroße Aubergine

3 EL Olivenöl

2 Zweige Rosmarin

Salz nach Belieben

Frisch gemahlener Pfeffer

100 g geriebener Bergkäse

1 Eigelb

2 EL Milch

Tipp
Ein gutes Abendessen: Rosmarin, Lavendel und Beifuß fördern die Entspannung, weil sie unsere Nerven beruhigen.

1 Ein Sieb mit einem Tuch auslegen und den Quark darin etwa 1 Stunde abtropfen lassen. Dann in einer Schüssel mit dem Ei, der Zitronenschale, Öl und zunächst 2 EL Milch verrühren.

2 Das Mehl mit Backpulver und Salz mischen. Die Hälfte davon zur Quarkcreme geben und mit den Knethaken des Handrührgerätes vermischen, bis sich alle Zutaten verbunden haben. Das restliche Mehl auf die Arbeitsfläche häufen und eine Mulde hineindrücken. Die Quarkcreme in die Mulde geben und alles mit den Händen durchkneten, bis der Teig glatt und geschmeidig ist; dabei eventuell noch 1 oder 2 EL Milch zufügen.

3 Während der Quark abtropft, für den Belag die Tomaten waschen oder abziehen und in Scheiben schneiden. Die Aubergine waschen, vom Blütenansatz befreien und in etwa fingerdicke Scheiben schneiden. Das Öl in einer großen Pfanne erhitzen und die Auberginenscheiben darin zugedeckt bei schwacher bis mittlerer Hitze weich braten, dabei einmal wenden.

4 Den Teig in 12 Stücke teilen und jedes Stück mit dem Handballen zu einem Fladen flach drücken. Die Fladen nebeneinander auf ein Backblech mit Backpapier legen und jeweils mit den Tomaten- und Auberginenscheiben belegen. Mit Salz und Pfeffer würzen und mit Rosmarinblättchen belegen.

5 Den Käse mit dem Eigelb und der Milch verrühren und mit einem Löffel auf den Pizza-Happen verteilen. Die Happen in den vorgeheizten Backofen schieben, bei 220 °C etwa 15 Minuten backen, bis der Käse zerlaufen ist und dann frisch aus dem Ofen servieren.

* Zur Bedeutung der Symbole → Seite 13

Tomatencreme mit Mozzarella

Zutaten für
4 Portionen

6 große vollreife
Tomaten

1/2 Stange Stauden-
sellerie oder
1 Stück Fenchel

2 EL heller Balsamessig

4 EL natives
Olivenöl extra

Salz nach Belieben

Frisch gemahlener
Pfeffer

12 Mini-Mozzarella
oder 4 große
Mozzarellakugeln

2 Handvoll Rucola

1 Die Tomaten und den Sellerie oder Fenchel waschen, abtrocknen und grob zerkleinern. Beide Zutaten in den Mixer geben, pürieren und während des Pürierens Essig und Olivenöl zugeben.

2 Die Tomatencreme mit Salz und Pfeffer abschmecken und in vier Schälchen geben. Jeweils 4 abgetropfte Mini-Mozzarella auf Spieße stecken und über die Schälchen legen. Wenn Sie große Mozzarellakugeln nehmen, werden diese geviertelt und auf die Spieße gesteckt.

3 Die Rucola waschen, trockentupfen und die Creme damit garnieren. Mit Grissini oder Weißbrot servieren.

Limonade mit Minze

**Zutaten für
6 Gläser**

100 g Puderzucker

1/4 l Wasser

1 Bio-Zitrone

2 Handvoll frische
Minze

3 Zitronen

2 Orangen

I EL Vanillezucker

Frisch gemahlener
weißer Pfeffer

2 Flaschen gekühltes
Mineralwasser

1 Den Puderzucker mit dem Wasser aufkochen und rühren, bis sich der Zucker aufgelöst hat.

2 Die Bio-Zitrone heiß abwaschen, abtrocknen und die Schale rundherum – möglichst als Spirale – mit einem Sparschäler abschneiden. Die Schale in einen großen Krug geben, dann die Minze waschen und hinzufügen.

3 Alle Zitronen und die Orangen auspressen, den Saft in die Zuckerlösung gießen und alles gut durchrühren. Die Mischung nun auf die Zitronenschale in den Krug gießen, den Vanillezucker und eine kräftige Prise Pfeffer hinzufügen und zugedeckt bei Zimmertemperatur mindestens 2 Stunden ziehen lassen.

4 Die Limonade im Krug mit dem Mineralwasser aufgießen und vermischen.

Bohnensalat mit Tomatensauce

Zutaten für 6 Portionen

125 g getrocknete weiße Bohnen

1 kg vollreife Tomaten

1 mittelgroße Zwiebel

2 Knoblauchzehen

6 EL Olivenöl

Salz nach Belieben

1/2 TL Zucker

Frisch gemahlener Pfeffer

Etwa 350 ml Gemüsebrühe

2-3 EL milder Weißweinessig

2 EL natives Olivenöl extra

Tipp
Ein wunderbar erfrischender Salat zum Picknick, der sehr gut mit Baguette oder mit in der Lagerfeuerglut gerösteten Kartoffeln schmeckt.

1 Für die Vorbereitung die getrockneten Bohnen über Nacht in reichlich kaltem Wasser einweichen.

2 Für die Zubereitung die Tomaten mit kochendem Wasser übergießen, abziehen, achteln und dabei die Stielansätze entfernen. Die Zwiebel und den Knoblauch schälen und fein zerkleinern.

3 Das Öl in einem großen Topf erhitzen und Zwiebel und Knoblauch darin bei schwacher Hitze glasig braten. Die Tomaten zugeben, zugedeckt bei schwacher Hitze etwa 45 Minuten köcheln lassen und dabei immer wieder umrühren.

4 Die Sauce eventuell bei mittlerer Hitze einkochen lassen, dann mit Salz, Zucker und Pfeffer würzen.

5 Während die Sauce kocht, die Bohnen auf ein Sieb abgießen, kalt abspülen und mit etwa 300 ml Gemüsebrühe in einen Topf geben. Die Bohnen aufkochen und zugedeckt bei schwacher Hitze in 35 bis 40 Minuten gerade eben weich kochen. Falls die Brühe zu stark einkocht, den Rest nachgießen.

6 Die gegarten Bohnen in eine Schüssel geben und etwa 10 Minuten abkühlen lassen. Dann langsam die warme Tomatensauce zugießen und dabei vorsichtig umrühren.

7 Den Essig und das native Öl hinzufügen, den Salat mit Pfeffer würzen und eventuell noch mit Salz abschmecken, zugedeckt bei Zimmertemperatur abkühlen und bis zum Servieren mindestens 2 Stunden ziehen lassen.

Tipp
Echten Ziegenkäse können Sie ab Hof kaufen oder online bestellen. Gute Qualität gibt es auch in türkischen und arabischen Lebensmittelläden.

Bunter Ziegenkäse ☯ ☀

**Zutaten für
6 Portionen**

6 kleine, frische
Ziegenkäse

2-4 Knoblauchzehen

1 Bio-Zitrone

4 Zweige Thymian

1 EL rosa
Pfefferbeeren

1-2 TL Chiliflocken

Etwa 350 ml Olivenöl

1 Die Ziegenkäse in ein großes, fest schließendes Schraubglas geben, den Knoblauch schälen und durch die Presse dazudrücken.

2 Die Zitrone heiß abwaschen, abtrocknen und etwa die Hälfte der Schale mit einem Zestenreißer oder Julienneschäler dünn abschneiden. Den Zitronensaft auspressen und den Thymian waschen und trockentupfen. Zitronenschale und Saft, den Thymian, die Pfefferbeeren, die Chiliflocken und das Öl zum Käse geben.

3 Den Käse im verschlossenen Glas 2 Tage kühl marinieren. Dabei das Glas immer wieder einige Male vorsichtig wenden, damit der Käse gleichmäßig mariniert.

Würzigen Käse mit Knoblauch mögen wir tagsüber am liebsten, denn abends verträgt man Knoblauch oft nicht so gut, und Käse belastet nach 21:00 Uhr den Magen.

Natürlich gut: Ziegenkäse

Wer Kuhmilch nicht verträgt, hat mit Ziegenkäse gewöhnlich keine Probleme. Auf der sicheren Seite sind Sie mit weichem Ziegenkäse, der meist zu 100 Prozent aus Ziegenmilch besteht, während vor allem Hartkäse auch eine Mischung aus Kuh-, Schaf- und Ziegenmilch enthalten kann. Am besten holen Sie den Käse bei Direktvermarktern oder im Fachhandel, wo man Sie genau informiert und beraten kann. In Familienbetrieben mit artgerechter Tierhaltung bekommen Sie noch traditionell hergestellten und von Hand verarbeiteten Ziegenkäse, frei von Laktose, Zusatzstoffen und Gentechnik. Und da man bei der Produktion streng auf Transparenz achtet, können viele Hofkäsereien nach Anmeldung auch besichtigt werden. Inzwischen gibt es alle möglichen Geschmacksrichtungen von Ziegenkäse, die sich außer für die Käseplatte auch für verschiedene Zubereitungen eignen: Salzigen oder milden Frischkäse ohne Rinde nimmt man für herzhafte Käsecreme (→ Seite 25) und Quichefüllungen oder süßes Gebäck. Ziegenkäse mit Edelschimmel schmeckt gegrillt auf Salat, mit halbfestem Schnittkäse können Sie Gratin cremig überbacken.

Dekorative rosa Pfefferkörner, die Früchte des Peruanischen Pfefferbaumes, gehören nicht wie schwarzer, weißer oder grüner Pfeffer zu den echten Pfeffergewächsen. Sie schmecken mild und süß-fruchtig.

Picknick-Käse mit was dazu

Fürs Picknick nehmen Sie den Käse im verschlossenen Glas mit, dazu ein Salatbesteck zum Vorlegen und einen Schöpfer für das Öl, das man mit Focaccia (→ Seite 92) oder Toskana-Brot auftunkt. Als frische Beilagen schmecken süße Aprikosen, Brombeeren oder sonnenreife Tomaten, die natürlich nur aus dem Freiland stammen und keine Allerweltssorte sein sollten. Und ganz wunderbar passen auch Sommer-Feigen: Die besten Früchte – violett, dünnschalig und prall von Saft – kommen von August bis Oktober aus der Türkei und Süditalien. Bei Fachhändlern für exotisches Obst gibt es manchmal goldgelbe Honigfeigen aus Griechenland.

Kichererbsencreme

**Zutaten für
4 Portionen**

1 große Dose Kicher-
erbsen

2 Knoblauchzehen

4 EL Tahin (Sesam-
creme, → Tipp)

2-3 EL Zitronensaft

1 EL natives
Olivenöl extra

Salz nach Belieben

1/2 TL scharfes
Paprikapulver

1/4 TL gemahlener
Kreuzkümmel

2 EL schwarze
Sesamkörner

1 Die Kichererbsen auf ein Sieb abgießen, kalt abspülen und abtropfen lassen und dann in eine Schüssel geben. Die Knoblauchzehen schälen und durch die Presse zu den Kichererbsen drücken.

2 Etwa 5 EL kaltes Wasser, das Tahin, das Öl und den Zitronensaft hinzufügen und alles mit dem Stabmixer pürieren. Das Püree mit einer kräftigen Prise Salz, dem Paprikapulver und dem Kreuzkümmel abschmecken. Die Kichererbsencreme auf gerösteten Brotscheiben anrichten und mit dem Sesam bestreuen. Sie passt auch zu Focaccia (→ Seite 92) oder türkischem Fladenbrot.

Tipp
Tahin, eine Creme aus Sesamkörnern, gibt es in Natur-
kostläden und Reformhäusern.

Grünkerncreme mit Kurkuma

**Zutaten für
4 Portionen**

75 g Grünkernschrot

200 ml Wasser

1/2 TL Gemüsebrühe-Extrakt

1 kleine Zwiebel

1 EL Sonnenblumenöl

1 gehäufter TL
Kurkumapulver

1 EL Walnusskerne

1 EL Zitronensaft

Salz nach Belieben

Einige Spritzer
Tabascosauce

1 Das Grünkernschrot mit dem Wasser und dem Brühe-Extrakt in einen Topf geben. Alles einmal aufkochen und das Schrot dann zugedeckt bei schwacher Hitze 20 Minuten garen, dann von der Kochstelle nehmen und abkühlen lassen.

2 Die Zwiebel schälen, fein zerkleinern und im heißen Öl glasig braten. Das Kurkuma darüber streuen, die Nüsse zugeben, alles unter Rühren etwa 3 Minuten sanft braten und dann zum Grünkernschrot geben.

3 Diese Mischung nun mit dem Stabmixer pürieren, mit Zitronensaft, Salz und Tabascosauce abschmecken, mit Focaccia (→ Seite 92) oder Fladenbrot servieren oder als Aufstrich für Sandwichs nehmen.

Für die Sommer-Uhr

Experten entdecken immer mehr Mechanismen, die unsere jahreszeitlichen Vorlieben für bestimmte Lebensmittel steuern. Gemüse, Obst, Salat und Kräuter brauchen wir natürlich das ganze Jahr über, doch im Sommer mögen wir sie besonders gern.

Fünf Gründe für die Fünf

»Fünf am Tag«, die Empfehlung der Deutschen Gesellschaft für Ernährung für die gesunde Zufuhr an Gemüse und Obst, befolgen inzwischen viele Menschen. Der Verbrauch an pflanzlichen Lebensmitteln steigt, die Lust am vorwiegend fleischlosen oder ganz vegetarischen Essen ebenfalls. Das steigert im Sommer unser Wohlbefinden, denn:

- Erstens wirken pflanzliche Lebensmittel kühlend, weil sie Körpersäfte aufbauen und dadurch unsere Organe befeuchten. Schließlich kommt alles Leben aus dem Wasser, und nur wenn unser Flüssigkeitshaushalt stimmt, bleibt die Haut straff, können die Schleimhäute Keim-Attacken abwehren und die Nieren richtig arbeiten.
- Zweitens liefern sie Mineralstoffe und gleichen dadurch den Mineralstoffmangel durch sommerliches Schwitzen wieder aus. Diese natürliche Balance kommt auch dem Blutdruck zugute.

- Drittens enthalten sie reichlich Wasser und lassen uns gar nicht erst durstig werden: Wer im Sommer reichlich Salat und Obst isst, greift nur selten zur Wasserflasche.
- Viertens ernähren Pflanzen mit ihrem Ballaststoffanteil unsere Darmflora. Eine intakte Darmflora reduziert Stresshormone und bewahrt uns vor Sommergrippe, Durchfall und Pilzinfektionen.
- Fünftens entlasten Gemüse, Obst und Kräuter unseren Verdauungsapparat, weil sie nahezu fettfrei sind. Deshalb kennen Menschen, die vorwiegend vegetarisch essen, meist weder Figur- noch Verdauungs-Probleme.

Natürliche Wellness

Die Sommerküche zaubert bunte Vielfalt auf den Teller – es ist ein Mix aus lauter Zutaten, die dem Körper wohltun, den Geist ermuntern, die Seele zum Lächeln bringen, Gaumen und Augen erfreuen. Man kennt inzwischen viele Nahrungselemente, die unsere Organuhr takten und unseren Stoffwechsel positiv steuern. Fenchel zum Beispiel entspannt den gestressten Darm, Erbsen und grüne Bohnen sind gute Proteinspender im vegetarischen Essen. Auberginen und Artischocken regulieren den Cholesterinspiegel, Brokkoli und Blumenkohl stärken unser Immun-

system. Paprikaschoten und Petersilie gehören zu den wichtigsten Vitamin-C-Spendern, Chili, Aprikosen und Melonen verschaffen uns an feuchtheißen Tagen Erleichterung. Bitterer Radicchio hilft der Leber beim Entgiften, süße Erdbeeren fördern die Blutbildung, saftige Kirschen schenken uns Lebensenergie. Möhren stärken Herz und Sehkraft, Tomaten gelten als wirksamer Zellschutz, Gurken reinigen das Blut. Frischer kräftiger Freiland-Schnittlauch und saftiges Zwiebelgrün enthalten Magnesium für gute Nerven. Und wenn die Hitze Sie plagt, betupfen Sie die Schläfen mit Lorbeer-Essenz: 250 ml Wasser kräftig aufkochen, eine Handvoll frische, fein zerkleinerte Lorbeerblätter zugeben und zugedeckt neben der Kochstelle 10 Minuten ziehen lassen. Durch ein Sieb in ein sauber gespültes Glasgefäß gießen und gut verschlossen im Kühlschrank aufbewahren. Bedienen Sie sich also verschwenderisch aus der Apotheke, die Mutter Natur uns kostenlos zur Verfügung stellt.

Sommerliche Gemüsesuppe

Zutaten für
4 Portionen

4 neue Kartoffeln

4 junge Möhren

200 g grüne Bohnen

1 Zwiebel

1 Knoblauchzehe

2 Zweige Thymian
oder Majoran

1 Handvoll Johannis-
beeren

1 EL Olivenöl

1 EL Butter

1 l Gemüsebrühe

Salz nach Belieben

1 Die Kartoffeln und die Möhren schälen, waschen und würfeln, die Bohnen waschen, putzen und in Stücke brechen. Die Zwiebel und den Knoblauch schälen und fein zerkleinern, die Kräuterzweige waschen und die Blättchen abzupfen. Die Johannisbeeren waschen und mit einer Gabel von den Stielen streifen.

2 Das Öl und die Butter in einem Topf erhitzen, die Zwiebel und den Knoblauch darin glasig braten. Kartoffeln, Möhren, Bohnen und Kräuterblättchen zugeben und bei mittlerer Hitze unter Rühren anbraten.

3 Die Brühe zugießen, aufkochen und die Suppe etwa 10 Minuten garen, bis Kartoffeln und Gemüse weich sind. Die Johannisbeeren untermischen und die Suppe mit Salz abschmecken.

Sommergrüne Pasta ☀ ☽

Zutaten für
4 Portionen

2 große Brokkoli

1 Handvoll Minze,
Zitronenmelisse
oder Basilikum

1 Knoblauchzehe

200 g frische Erbsen

400 g Penne

Salz nach Belieben

5 EL Olivenöl

2–3 EL Apfelsaft

Frisch gemahlener
Pfeffer

150 g Fetakäse

1 Den Brokkoli putzen, waschen und in kleine Röschen teilen. Die Kräuter waschen und grob zerkleinern, den Knoblauch schälen und fein hacken, die Erbsen waschen und auf einem Sieb abtropfen lassen.

2 Die Penne in sprudelnd kochendem Salzwasser in etwa 9 Minuten knapp bissfest garen und parallel dazu das Öl in einer großen Pfanne erhitzen. Brokkoli, Knoblauch und Erbsen darin unter Rühren andünsten, aber nicht bräunen. Nun 1/2 Schöpfkelle Nudel-Koch-wasser zum Gemüse geben, das Gemüse mit Apfelsaft und Pfeffer würzen und zugedeckt bei mittlerer Hitze in etwa 5 Minuten gerade eben weich garen.

3 Die Nudeln auf ein Sieb abgießen, mit dem Gemüse in der Pfanne und mit den Kräutern mischen, den Feta zerkrümeln und über den Nudeln verteilen.

Radieschensuppe ☀ ☽

Zutaten für 4 Portionen

2 Bund Radieschen
mit saftigen grünen
Blättern

1 kleine Zwiebel

Je 1 EL Butter
und Olivenöl

1 TL Mehl

3/4 l Gemüsebrühe

100 g Rahmfrischkäse

Salz nach Belieben

Frisch gemahlener
weißer Pfeffer

1 Die Radieschenknollen von den Blättern schneiden, waschen und grob zerkleinern. Die Radieschenblätter ebenfalls waschen, trockentupfen und fein hacken. Die Zwiebel schälen und fein zerkleinern.

2 Die Butter und das Öl in einem Topf erhitzen. Die Zwiebel mit den Radieschenstücken darin 5 Minuten dünsten. Dann mit dem Mehl bestreuen und etwa die Hälfte der Radieschenblätter zugeben. Alles gut umrühren und die Brühe unter Rühren zugießen. Die Suppe aufkochen und etwa 15 Minuten garen.

3 Die Suppe mit dem Stabmixer pürieren und dabei den Frischkäse und die restlichen Radieschenblätter einrühren. Die Suppe nun noch einmal unter Rühren erhitzen, aber nicht aufkochen und anschließend mit Salz und Pfeffer abschmecken und anrichten.

Kalte Gurkensuppe

Zutaten für
4 Portionen

2 mittelgroße Schmor-
gurken (etwa 500 g)

3 Frühlingszwiebeln

1 EL Olivenöl

1 EL Zitronensaft

3/4 l Geflügelbrühe

100 g Sahne

1 Prise Chilipulver

Salz nach Belieben

100 g Vollmilchjoghurt

1 Die Gurken schälen, der Länge nach halbieren, die Kerne mit einem Löffel herauskratzen und die Gurkenhälften in dünne Scheiben schneiden. Die Frühlingszwiebeln waschen und trockentupfen, dann mit dem saftigen Zwiebelgrün in feine Ringe schneiden.

2 Das Öl in einem Topf erhitzen, Gurkenscheiben und Zwiebelringe darin andünsten, aber nicht bräunen. Den Zitronensaft, etwa 1/4 l Brühe und 2 EL Sahne zugeben, aufkochen und alles zugedeckt bei mittlerer Hitze etwa 20 Minuten garen. Während der Garzeit nach und nach die noch vorhandene Sahne zugeben.

3 Die restliche Brühe zugießen, die Suppe pürieren und wieder erhitzen. Nun mit Chili und Salz würzen und zugedeckt 2 Stunden kühlen. Zum Servieren den Joghurt mit einem Schneebesen untermischen.

1 Tomaten-Dressing ☀ ☽

Zutaten für 8 Portionen

3 reife Tomaten

100 g rote Johannis-beeren

1 EL Honig

Salz nach Belieben

8 EL Olivenöl

1 Die Tomaten waschen, in kleine Stücke schneiden und dabei die Stielansätze entfernen. Die Johannisbeeren waschen und mit einer Gabel von den Stielen streifen. Beide Zutaten in einem Kochtopf zugedeckt einmal kräftig aufkochen.

2 Die Tomaten und Beeren auf ein Sieb geben und den abtropfenden Saft für das Dressing auffangen (→ Tipp).

3 Den Saft mit Honig, Salz und Öl verrühren. Das Dressing hält sich in einem Schraubglas verschlossen im Kühlschrank etwa 6 Tage und passt zu jedem Salat.

Tipp

Aus den Tomaten mit Johannisbeeren können Sie nach dem Abtropfen einen Dip zu Bratwürsten, Fleischfondue oder gegrilltem Fleischbällchen mixen: Mit 150 g Schmand oder Crème fraîche im Mixer pürieren, mit 1 zerdrückten Knoblauchzehe, Salz und Cayennepfeffer abschmecken.

2 Holunderblüten-Dressing ☀ ☽

3 Holunderblütendolden

2 EL Zucker

1 Stück Bio-Zitronen-
schale

Salz nach Belieben

Cayennepfeffer
nach Belieben

3 EL Zitronensaft

2 EL Apfelsaft

8 EL Sonnenblumenöl

1 Die Blütendolden in einer Schüssel mit kaltem Wasser schwenken, dann in ein Schraubglas geben und mit 1 Tasse kochendem Wasser übergießen. Zucker und Zitronenschale zufügen und rühren, bis sich der Zucker gelöst hat. Das Glas verschließen und die Mischung bei Zimmertemperatur etwa 5 Stunden ziehen lassen.

2 Die Mischung durch ein feines Sieb gießen, die Blütendolden und die Zitronenschale entfernen.

3 Den Holunderblütensaft mit Salz und Cayennepfeffer, Zitronensaft, Apfelsaft und Öl wieder ins Schraubglas geben, das Glas verschließen und das Dressing wie im Cocktail-Shaker schütteln. Im Kühlschrank hält es sich verschlossen etwa 6 Tage und passt zu Blattsalaten, gemischten Salaten mit Gurken, Möhren und/oder Obst.

3 Brombeer-Dressing ☀ ☽

Zutaten für
8 Portionen

1 Aufgussbeutel
Pfefferminztee

100 g Brombeeren

6 EL Balsamessig

Salz nach Belieben

Frisch gemahlener
weißer Pfeffer

1 TL scharfer Senf

6 EL Walnussöl

1 Den Pfefferminztee mit 1/2 Tasse kochendem Wasser übergießen, 5 Minuten ziehen lassen und dann den Teebeutel entfernen.

2 Die Brombeeren in einer Schüssel mit kaltem Wasser waschen, auf ein Sieb zum Abtropfen geben und mit Küchenpapier trockentupfen.

3 Die Brombeeren mit Tee, Essig, Salz, Pfeffer und Senf im Mixer oder mit dem Stabmixer pürieren. Dabei esslöffelweise das Öl zugeben. Das Dressing in einem Schraubglas aufbewahren. Es hält sich im Kühlschrank etwa 3 Tage und passt zu Rote-Bete-Salat, Tomatensalat mit Mozzarella und Paprikasalat mit Fetakäse.

Gefüllte Paprikaschoten

**Zutaten für
4 Portionen**

1 kleine Aubergine

1 kleine Stange Sellerie

2 mittelgroße Tomaten

2 Zweige Rosmarin
oder Thymian

4 EL Olivenöl

1 EL Rosinen

1 EL Pinienkerne

1 EL brauner
Rohrzucker

2 EL weißer
Balsamessig

Salz nach Belieben

Frisch gemahlener
Pfeffer

4 mittelgroße rote und
gelbe Paprikaschoten

6 dünne Scheiben
halbfester Schnittkäse
(Trappistenkäse,
Esrom oder Bel Paese)

1 Die Aubergine und die Selleriestange waschen und abtrocknen. Die Tomaten mit kochendem Wasser überbrühen und die Haut abziehen. Aubergine, Selleriestange und Tomaten klein würfeln, die Kräuter waschen, trockentupfen und die Blättchen abzupfen.

2 Das Öl in einer großen Pfanne erhitzen und das gewürfelte Gemüse mit den Kräutern darin bei mittlerer Hitze unter ständigem Rühren etwa 5 Minuten schmoren. Dann mit den Rosinen und den Pinienkernen mischen, mit Zucker und Essig, Salz und Pfeffer kräftig würzen.

3 Die Paprikaschoten waschen, längs halbieren und die Trennwände und Kerne entfernen, dann die Schotenhälften innen salzen und pfeffern und nebeneinander in eine ofenfeste Form setzen.

4 Das geschmorte Gemüse in den Paprikaschoten verteilen. Die Käsescheiben in feine Streifen schneiden und die gefüllten Paprikaschoten damit belegen.

5 Die Paprikaschoten in den vorgeheizten Backofen schieben und bei 200 °C etwa 20 Minuten backen, bis der Käse zerlaufen und leicht gebräunt ist.

Leichtes genießen

Paprikaschoten mit der traditionellen Füllung aus Hackfleisch und Reis sind im Sommer ziemlich mächtig und können den Biorhythmus belasten. Besser ist diese süß-pikante Variante aus der türkischen Küche – entweder mit Fladenbrot zum Lunch oder als Beilage zu kurz gebratenem Fleisch, wenn Sie Zeit für ein gemütliches Essen haben.

Gebackene Sardinen

Zutaten für 4 Portionen

200 ml kaltes Wasser

1/2 TL Salz

Frisch gemahlener schwarzer Pfeffer

100 g Mehl

1 kleine Knoblauchzehe

8 küchenfertige Sardinen

Öl oder Pflanzenfett zum Frittieren

2 Zitronen

1 Für den Ausbackteig das Wasser mit Salz und Pfeffer in eine Schüssel geben. Das Mehl hinzusieben und mit einer Gabel leicht verrühren, bis es sich mit dem Wasser verbunden hat, aber noch Klümpchen bildet. Den Knoblauch schälen und durch die Presse in den Teig drücken, dann alles noch einmal durchrühren.

2 Die Sardinen kalt abspülen, trockentupfen und mit Salz und Pfeffer würzen. Das Fett zum Frittieren erhitzen.

3 Die Sardinen in den Teig tauchen und in etwa 3 Minuten goldbraun backen, dabei einmal wenden, mit einem Schaumlöffel herausnehmen, auf Küchenpapier kurz abtropfen lassen und heiß mit Zitronenschnitzen anrichten. Dazu schmecken helles Landbrot oder Focaccia (→ Seite 92) und gemischter Salat.

Den Organismus stärken

Seefische wie Sardinen versorgen uns mit Omega-3-Fettsäuren für Sehkraft und geistige Tätigkeit: DHA, eine dieser Substanzen, ist mengenmäßig die dominierende Fettsäure in unserem Gehirn und auf unserer Netzhaut.

Nachhaltig handeln

Fisch stellt uns vor ein Problem: Einerseits brauchen wir immer wieder fetten Fisch und Seefisch, um die Versorgung mit Omega-3-Fettsäuren und Jod sicherzustellen. Andererseits sind die meisten Seefischarten im Bestand gefährdet, und die Süßwasserfische kommen fast nur noch aus Aquakulturen, was manchmal mit schlimmster Massentierhaltung verbunden ist. Als Orientierung hat Greenpeace eine Liste der Fischarten erstellt, die man in Maßen noch essen kann. Den Link finden Sie bei den Adressen → Seite 218.

Gefüllte Tomaten

**Zutaten für
4 Portionen**

2 dünne Scheiben
Frühstücksspeck

1 Zwiebel

1 Knoblauchzehe

3 EL Olivenöl

100 g Couscous

1 TL abgeriebene
Bio-Zitronenschale

Salz nach Belieben

Frisch gemahlener
Pfeffer

1 große Msp.
Zimtpulver

200 ml Gemüsebrühe

4 große Tomaten

Für die Sauce

300 g Joghurt

100 g Crème fraîche

1 Bund Dill

1 Prise Zucker

1 Den Frühstücksspeck in schmale Streifen schneiden, Zwiebel und Knoblauch schälen, fein zerkleinern und alles in 1 EL heißem Öl glasig braten.

2 Den Couscous unterrühren und kräftig mit Zitronenschale, Salz, Pfeffer und Zimtpulver würzen. Nun die Brühe zugeben, nur einmal aufkochen und den Couscous dann von der Kochstelle nehmen.

3 Die Tomaten waschen, abtrocknen und jeweils einen Deckel abschneiden. Das Fruchtfleisch herausholen und mit dem Couscous im Topf mischen.

4 Die Tomaten mit der Couscousmischung füllen, in eine Gratinform setzen, mit dem restlichen Öl beträufeln und im vorgeheizten Backofen bei 200 °C etwa 20 Minuten backen.

5 Inzwischen für die Sauce den Joghurt und mit der Crème fraîche verrühren. Den Dill waschen, trockentupfen, fein zerkleinern und untermischen. Die Sauce mit Salz, Pfeffer und Zucker abschmecken und zu den Tomaten servieren.

Tipp
Die Tomaten schmecken heiß aus dem Ofen und kalt auf dem Büfett zum Brunch, als leichtes Mittagessen oder Snack am Abend.

Kräuter blühen lassen

Wer einen Garten hat, sollte Sommerkräuter wie Dill, Minze und Salbei anbauen. Sie blühen wunderschön und nähren Bienen, Hummeln und Schmetterlinge. Uns Menschen schmecken sie frisch geerntet in kalten Dips, Salaten und Suppen. Minze und Salbei nimmt man frisch und getrocknet für Tee, Dill kann man für den Wintervorrat auch einfrieren.

Wraps mit Grillgemüse

**Zutaten für
4 Portionen**

Für das Gemüse

2 mittelgroße
Auberginen

8 Eiertomaten

3 mittelgroße Fenchel-
knollen mit Grün

Einige Rosmarin-,
Thymian- und Salbei-
zweige

Für den Zitronendip

200 g Schafskäse
oder Ziegenkäse

300 g Vollmilchjoghurt

Saft von 1 Zitrone

1 EL Zitronensirup

Frisch gemahlener
weißer Pfeffer

Eventuell Salz

Außerdem

Etwa 100 ml Olivenöl

Salz nach Belieben

Frisch gemahlener
Pfeffer

12 weiche Weizen-
tortillas

1 Die Auberginen, die Tomaten, den Fenchel und die Kräuter waschen und trockentupfen. Die Auberginen und die Tomaten in etwa fingerdicke Scheiben schneiden. Das Fenchelgrün abschneiden und grob zerkleinern. Die Fenchelknollen der Länge nach ebenfalls in fingerdicke Scheiben schneiden.

2 Für den Zitronendip den Käse mit dem Joghurt, dem Zitronensaft und dem Sirup im Mixer pürieren. Dann mit Pfeffer und eventuell auch mit Salz würzen und etwa die Hälfte des Fenchelgrüns daruntermischen.

3 Die Gemüsescheiben und die Kräuterzweige entweder auf ein Backblech oder auf den Rost des Holzkohlengrills legen und mit Olivenöl bestreichen, dann im Backofengrill oder über der Holzkohle auf beiden Seiten grillen, bis sie weich und leicht gebräunt sind. Während des Grillens immer wieder mit Öl bestreichen und zum Schluss mit Salz und Pfeffer würzen.

4 Die Weizentortillas ebenfalls im Backofen oder über der Holzkohle aufbacken, bis sie Blasen bilden.

5 Die heißen Tortillas möglichst rasch mit Gemüsescheiben belegen, Fenchelgrün und Zitronendip darüber verteilen, die Tortillas aufrollen und aus der Hand essen.

Natürlich leicht

Dicke Kartoffel-, Nudel- und sonstige Salat-Sattmacher zum Grillfest sind »Schnee von gestern«, denn unser Essen soll leicht sein. Deshalb servieren Sie zu den Wraps noch eine Schüssel mit Rohem: Kirschtomaten, Radieschen mit Grün zum Anfassen, knackige frische Frühlingszwiebeln und ein paar zarte gelbe Selleriestangen.

Focaccia mit Oregano

Zutaten für
6 Portionen

2 Würfel frische Hefe

1 TL Sauerteig-Pulver

450 ml warmes Wasser

1 TL Zucker

700 g Dinkelmehl
Type 630

80 g Roggenmehl
Type 1150

2 TL Salz

100 g Joghurt (10 %)

8 EL Olivenöl

1 EL getrockneter
Oregano

1 EL grobes Meersalz

1 Die zerbröckelte Hefe in einer Schüssel mit Zucker, Sauerteig und Wasser verrühren, dann zugedeckt 20 Minuten ruhen lassen.

2 Das Mehl mit Salz in einer anderen Schüssel mischen. Hefemischung, Joghurt und 1 EL Olivenöl unterrühren und alles zu einem glatten Teig kneten. Den Teig zu einer Kugel formen, mit Mehl bestreuen und zugedeckt 2 Stunden bei Zimmertemperatur ruhen lassen.

3 Den Teig noch einmal durchkneten, in zwei Portionen teilen, nebeneinander auf ein Backblech mit Backpapier legen und flach drücken. Nun Löcher in die Teigoberfläche drücken und mit dem restlichen Öl füllen. Focaccia mit Oregano und Meersalz bestreuen und im vorgeheizten Backofen bei 230 °C etwa 20 Minuten backen.

Bruschetta mit Grill-Paprika

**Zutaten für
6 Portionen**

Je 2 rote und gelbe
Paprikaschoten

6 EL Olivenöl

6 Eier

6 Scheiben Toskana-
Brot oder selbst
gebackene Focaccia

Salz nach Belieben

Frisch gemahlener
Pfeffer

1 Handvoll Rucola

1 Die Paprikaschoten waschen und der Länge nach halbieren, die Stiele und die Trennwände mit den Kernen entfernen. Die Schoten je nach Größe in Viertel oder Achtel schneiden, dann auf einen Bogen Alufolie legen, mit dem Öl beträufeln und entweder auf dem Holzkohlen- oder im Backofengrill garen, bis die Schoten weich sind.

2 Inzwischen die Eier in 5 bis 6 Minuten wachsweich kochen, kalt abschrecken und schälen. Die Brotscheiben im Backofen auf dem Grill oder im Toaster knusprig rösten.

3 Die Paprikaschoten auf den Broten verteilen und das Bratöl von der Folie darüber träufeln. Die Eier halbieren und auf die Schoten legen. Die Bruschetta mit Salz und Pfeffer würzen und mit Rucola belegt servieren.

Sommersalat mit Reisnudeln

Zutaten für 4 Portionen

2-3 Zweige Rosmarin

100 g türkische Reisnudeln

2 Handvoll Cocktailtomaten

125 g Mozzarella

Salz nach Belieben

Frisch gemahlener Pfeffer

Etwa 200 ml Gemüsebrühe

1 Kopfsalat oder 1 Romanasalat

1 Handvoll Rucola

3 Tomaten

2 EL weißer Balsamessig

2 EL Orangensaft

1 TL Dijonsenf oder körniger Senf

4 EL Walnussöl

1 Den Rosmarin waschen, die Blättchen abzupfen, in eine Gratinform geben und die Reisnudeln darüber verteilen. Die Cocktailtomaten waschen und halbieren, den Mozzarella trockentupfen und würfeln. Beide Zutaten auf die Reisnudeln legen und alles mit Salz und Pfeffer würzen.

2 Die Reisnudeln im vorgeheizten Backofen bei 200 °C etwa 10 Minuten backen. Dann so viel Brühe zugießen, dass der Boden der Form gerade eben bedeckt ist. Die Nudeln nun noch etwa 20 Minuten backen, bis sie weich sind und der Mozzarella leicht gebräunt ist. Eventuell noch etwas Brühe zugießen.

3 Während die Nudeln garen, den Salat und die Rucola waschen und trockenschleudern. Alle Blätter in mundgerechte Stücke teilen und in eine Schüssel geben. Die Tomaten waschen, abtrocknen, klein würfeln und hinzufügen.

4 Für das Dressing Balsamessig mit Orangensaft, Salz, Senf und Walnussöl verrühren und über die Salatzutaten in der Schüssel geben. Den Salat mischen und auf Portionstellern anrichten.

5 Die Reisnudeln aus dem Backofen nehmen, in der Form 5 Minuten abkühlen lassen und dann auf den Salatportionen verteilen. Den Salat mit grob gemahlenem Pfeffer bestreuen und servieren.

Tipp
Der Salat schmeckt statt mit Reisnudeln auch mit frisch gekochten kurzen Nudeln wie Farfalle, Fusilli oder Penne rigate.

Wissen
Der kühle Salat mit den heißen Reisnudeln wirkt ausgleichend bei Gewitterschwüle.

Für den Winter vorsorgen

Im Winter sehnt man sich geradezu nach sommerlichen Lebensmitteln, und durch Tiefkühlen genießt man die Sommerküche auch in der kalten Jahreszeit: Wer selbst Tomaten anbaut, bekommt vollreife aromatische Früchte oft in großen Mengen. Sie werden dann nur gewaschen und ganz oder in Stücken ungeschält eingefroren; die Schalen lösen sich beim Auftauen. Die Tomaten schmecken als Suppe und Sauce, als Quiche- oder Pizzabelag und im Ragout.

Zucchini für Suppe oder Quichebelag schneiden Sie gewaschen in Stücke, die Sie in Tiefkühlbeuteln einfrieren. Spargel und grüne Bohnen frieren Sie portionsweise gewaschen ein – Blanchieren ist nicht notwendig. Dill und Petersilie waschen und unzerkleinert möglichst dicht in Schraubgläser stopfen. Zum Entnehmen mit Hilfe einer Gabel aus dem Glas direkt ins Gericht streuen.

Gewaschene Beeren und entsteinte Kirschen schmecken nach dem Auftauen im Müsli und im Obstsalat mit frischem Obst, als Smoothie, Kuchenbelag oder Grütze.

Mangoldquiche ☀ ☽

**Zutaten für
12 Stücke**

Für den Teig

300 g Mehl

1/4 TL Salz

150 g Butter

1 Ei

Für den Belag

700 g Mangold

1 Zwiebel

1 Knoblauchzehe

2 EL Olivenöl

150 g Gorgonzolakäse

50 g Parmesankäse

2 Eier

Salz nach Belieben

Cayennepfeffer

Geriebene Muskatnuss

2-3 EL ganze geschälte
Mandeln

Fett für die Form

Wissen
Gemüse am Mittag, Proteine
abends – die Quiche gibt
Ihnen von beidem genug.
Ein Stückchen davon verhilft
auch »Lerchen« zum Energieschub am Vormittag.

1 Für den Teig alle Zutaten miteinander verkneten, dann eine gefettete, rechteckige Backform damit auslegen und einen Rand hochziehen. Den Teig mit einer Gabel mehrmals einstechen und 1 Stunde kühlen.

2 Den Mangold waschen und grob hacken. Die Zwiebel und den Knoblauch schälen, fein zerkleinern und im Öl glasig dünsten. Den Mangold zugeben und bei starker Hitze unter ständigem Rühren etwa 4 Minuten schmoren, dann in einer Schüssel lauwarm abkühlen lassen.

3 Den Gorgonzola mit einer Gabel in kleine Stücke teilen, den Parmesan fein reiben, beide Käsesorten mit den Eiern zum Mangold geben und alles mischen. Mit wenig Salz und je einer kräftigen Prise Cayennepfeffer und Muskat abschmecken.

4 Den Belag auf dem Quicheboden verteilen, die Quiche mit den Mandeln bestreuen und im vorgeheizten Backofen bei 200 °C etwa 40 Minuten backen.

Natürlich gut

Mangold bekommen Sie beim Gemüsehändler und auf dem Wochenmarkt. Es gibt ihn mit weißen, roten und gelben Stielen. Die Blätter sind je nach Sorte hell- bis dunkelgrün. Im Gemüsegarten ist Mangold eine ganz unkomplizierte Pflanze: Einmal ausgesät, vermehrt er sich jahrelang von selbst, braucht keine Pflege und schenkt Ihnen sogar im Winter frische Blätter, wenn es nicht gerade Stein und Bein friert. Ich schütze zwei bis drei Pflanzen mit Wintervlies vor Schnee, damit ich rund ums Jahr ernten kann. Stielmangold bildet große Pflanzen und wächst am besten im Beet, während kleiner Blattmangold auch im Blumentopf gedeiht.

Den Sommer feiern

Jede Jahreszeit hat ihre Feste, und im Sommer sind es Feuerzauber und Kräutersegen, die Akzente setzen und die Verwurzelung des Menschen mit der Natur sichtbar machen. Der Höhepunkt des Jahres ist dem Feuer gewidmet, denn Mittsommer, Sonnwend und Johannis gelten seit Jahrhunderten als Fest der Sonne, die nun senkrecht über dem nördlichen Wendekreis steht. Vor allem in Nordeuropa ist der 21. Juni ein Ereignis, das die Menschen mit oft spektakulären Freudenfeuern feiern. Schließlich ist es nun für kurze Zeit richtig hell – am Polarkreis sogar ganze Nächte lang.

Im Volksglauben war Johannis der größte Wundertag des Jahres, an dem alle bösen und guten Mächte wirken: Die Hexen tanzen, die Berge öffnen sich und geben Schätze frei, versunkene Städte steigen für eine Nacht aus dem Wasser empor. Auch für den Biorhythmus spielt dieser längste Tag, auf den die kürzeste Nacht folgt, eine große Rolle, obwohl uns der tiefe Sinn dahinter gar nicht mehr bewusst ist: Im Sommer sind wir aktiv und unternehmungslustig, bleiben länger wach, schlafen sogar häufig nicht besonders gut – alles Zeichen für den zirkannualen Rhythmus (→ Seite 11 f.), der unseren Vorfahren sagte, dass man jetzt nicht auf der faulen Haut liegen durfte, sondern das Wachsen, Blühen und Reifen in der Natur nutzen musste, und zwar fürs Anlegen der Wintervorräte.

Wunderbusch

Holunder gehört zu Sonnwend, weil er im Juni so wunderschön blüht und köstlich duftet, weil man mit den Dolden Hollerküchlein backen und Sirup kochen kann. Und weil er den Bauern als Ernteorakel galt: Blüht der Holunder lang, so kann man auch eine lange Ernte erwarten, trägt er Blüten und Beeren zugleich, muss man mit einem strengen Winter rechnen. In der Volksmedizin sollten Holunderblüten gegen Fieber, Zahnweh und alle möglichen Zipperlein helfen. Tatsächlich ist er ja eine wichtige Heilpflanze, wirkt blutreinigend, schweiß- und harntreibend. Deshalb hilft Holundersaft gegen Erkältung und Husten. Und die Beeren mit Birnen und Herbstzwetschgen zu Kompott gekocht, schmecken einfach wunderbar – ganz wie man es von einem so kostbaren Gewächs erwartet.

Wissen
Ebenso wie die Wintersonnenwende am 21. Dezember ist der Sommerbeginn ein innerer Zeitmesser, über den alle Organismen verfügen.

Kräutersegen

Weit weniger bekannt als Sonnwend, doch als Ritual für gläubige Menschen und als Orientierungspunkt für unseren Biorhythmus ebenso bedeutsam ist der *Große Frauentag*, der am 15. August gefeiert wird. Nach alter Überlieferung besitzen Heilpflanzen zwischen dem Himmelfahrtstag der Muttergottes und ihrem Geburtstag am 8. September die meiste Kraft. Frühmorgens an Mariä Himmelfahrt gehen die Frauen daher Kräuter sammeln für die Weihe in der Kirche: Traditionell müssten es 77 verschiedene Pflanzen sein, doch so viele kann man heutzutage nicht mehr finden. Die Ausbeute ist aber oft dennoch recht beachtlich, und wenn Sie sich gut auskennen mit wilden Pflanzen, sollten Sie Ihr Sammelglück auch einmal testen: Man pflückt Beifuß, Schafgarbe, Feldklee, Rainfarn, Eberraute, Spitzwegerich, Wermut, Hundskamille, Baldrian, Ringelblume, Wegwarte, Bergthymian, Melisse, Jakobsleiter, Bertram, Beinwell, Mohn, Frauenmantel, Schwalbenwurz, Schildkraut und Teufelswurz. Aus Hausgarten und Kräuterbeet kommen Minze, Rosmarin, Borretsch, Salbei, Ysop und Lavendel hinzu. Alle Kräuter sind Bestandteil der Volksheilkunde, und viele gehören überdies zur Hildegard-Medizin. Außerdem holt man Ähren von Hafer, Gerste, Dinkel, Weizen und Roggen von den Feldern und ergänzt sie mit den Zweigen von Holunder, Haselnuss und Himbeere. Nun binden die Frauen alles zu Sträußen, die sie in der Kirche vor dem Altar oder dem Bild der Muttergottes niederlegen, wo der Priester sie weiht. Zu Hause stellt man den Strauß beim gemeinsamen Mittagessen in die Mitte des Tisches. Viele Menschen schmücken das Bild eines lieben Verstorbenen mit dem Kräutersträußchen, in sehr christlichen Familien kommt es in den Herrgottswinkel – die Ecke in der Stube mit dem gekreuzigten Christus.

Bei schweren Gewittern verbrennen Gläubige eine Handvoll der geweihten Kräuter im Kachelofen, für Kranke braut man Tee daraus, und in den Raunächten legt man geweihte Pflanzen unters Kopfkissen, damit die Wilde Jagd vorbeizieht – all das sind Bräuche, wie sie noch heute geübt werden. Und weil im Volksglauben noch die Dinge zwischen Himmel und Erde wirken, die unsere moderne Wissenschaft weder beweisen noch widerlegen kann, sollen sich durch die Weihe auch Heil und Segen der Kräuter dreifach verstärkt haben.

Wildkräutertaschen

Zutaten für 12–15 Stück

Für den Teig

300 g Dinkelmehl Type 630

1/2 Päckchen Trockenhefe

1 TL Salz

200 ml Buttermilch

1 EL Olivenöl

Für die Füllung

200 g Blätter von Wildkräutern (Gänseblümchen, Spitzwegerich, Hirtentäschel, Klee und Löwenzahn)

1 Knoblauchzehe

1 EL Olivenöl

125 g Fetakäse

1 Ei

1 TL Zitronensaft

Salz nach Belieben

Frisch gemahlener Pfeffer

1 Ei und 1 EL Sahne zum Bestreichen

Wissen
Viele Menschen vertragen Dinkel besser als Weizen – vermutlich wegen der guten Balance von Fett und Pflanzeneiweiß in dieser traditionellen Getreideart.

1 Für den Teig das Dinkelmehl mit Hefe und Salz in einer Schüssel mischen. Buttermilch und Öl zugeben und alles mit den Knethaken etwa 5 Minuten rühren, bis sich der Teig zu einem Kloß formt. Dann zugedeckt bei Zimmertemperatur etwa 1 Stunde ruhen lassen, bis er sichtbar aufgegangen ist.

2 Für die Füllung die Kräuter gründlich waschen, in der Salatschleuder trockenschleudern und dann fein zerkleinern. Den Knoblauch schälen und fein hacken. Das Öl in einem Topf erhitzen, die Wildkräuter und den Knoblauch darin kurz dünsten, bis die Kräuter intensiv grün sind.

3 Die Kräuter in eine Schüssel geben und lauwarm abkühlen lassen. Den Feta mit einer Gabel zerdrücken und zu den Kräutern geben. Das Ei, den Zitronensaft, wenig Salz und eine kräftige Prise Pfeffer hinzufügen und alles mischen.

4 Das Ei zum Bestreichen trennen, das Eigelb in ein Schälchen geben und mit der Sahne verrühren. Das Eiweiß in einem zweiten Schälchen bereitstellen.

5 Den Teig auf der bemehlten Arbeitsfläche zu einer dünnen Platte ausrollen und in Quadrate von etwa 15 mal 15 cm schneiden. Auf jedes Quadrat 1 EL Kräuterfüllung setzen. Die Teigränder mit Eiweiß bestreichen, den Teig über der Füllung zusammenklappen und die Teigränder mit den Zinken einer Gabel festdrücken.

6 Die Wildkräutertaschen auf ein Backblech mit Backpapier legen, mit der Eigelbsahne bestreichen und im vorgeheizten Backofen bei 200 °C in etwa 20 Minuten goldbraun backen. Heiß aus dem Ofen oder lauwarm abgekühlt servieren.

Pflanzenkräfte

Die Heilkraft von Wildkräutern ist im Sommer am höchsten und richtet sich nach der Vegetationszeit: Ganze Pflanzen wirken am besten zu Beginn der Blütezeit, Blätter sammelt man voll entfaltet, Blüten sollten bereits geöffnet, Früchte und Samen müssen vollreif sein.

Die meisten Wildkräuter schmecken auch im Sommer, weil immer wieder zarte junge Blättchen nachwachsen. Noch wichtiger als die Erntezeit ist die richtige Verwendung, denn wie alle anderen Kräuter sollte man auch Wildkräutersorten auf das entsprechende Essen abstimmen. Kräftige Kräuter mit Bitterstoffen wie Schafgarbe oder Gundermann nimmt man in kleineren Mengen eher zum Würzen, während man mit Spitzwegerich, Klee, Hirtentäschel und Gänseblümchen recht verschwenderisch umgehen kann (→ Rezept, links). Vogelmiere und Knoblauchsrauke schmecken am besten roh oder kurz erhitzt, Brennnesseln, Giersch oder Löwenzahn aber auch geschmort, gebraten im Wok oder gebacken als Belag für Quiche oder im Auflauf.

Energie tanken im Grünen

Ob Kräuterwanderung, Fahrradausflug oder Sommerfest am See: Wir lieben es, draußen zu essen, denn der Kontakt mit der Natur streichelt unsere Seele, Licht stimuliert unser Immunsystem, und Bewegung baut Stress ab. Wählen Sie Gerichte, die Sie leicht einpacken und transportieren können: Pizza-Happen (→ Seite 67) werden aufgeschnitten in Frischhaltedosen gelegt, Bohnensalat (→ Seite 70) füllen Sie in eine Kühlschrankbox, Ziegenkäse (→ Seite 72) und Tomatencreme (→ Seite 68) in ein Schraubglas, die Mozzarellakugeln lassen Sie in der Verpackung. Limonade (→ Seite 69) füllen Sie mit der Zitronenschale in Flaschen. Der Tortenboden für die Beerentorte rechts wird samt Springformblech (ohne Rand) in Folie gewickelt und in den Korb mit Brot gepackt, Creme und Beeren kommen in Boxen in die Kühltasche. Noch einfacher geht es mit einem Kekskuchen, für den Sie keinen Tortenboden brauchen. Nehmen Sie eine Packung mürbe Kekse mit zum Picknick, die Sie grob zerbröckelt auf Tellern verteilen. Darauf häufen Sie Creme und Beeren und bestreuen das Ganze mit Zucker.

Beerentorte

**Zutaten für
12 Stücke**

Für den Teig

80 g weiche Butter

80 g Zucker

2 EL milder Weißwein-
essig

2 EL kaltes Wasser

200 g Mehl

1/2 TL Weinstein-
Backpulver

Für die Creme

1/4 l Milch

1/2 Vanilleschote

50 g Zucker

1 gehäufter EL
Speisestärke

200 g Sahnequark

1/2 TL abgeriebene
Bio-Zitronenschale

1 EL Orangenlikör

700 g Erdbeeren und
Heidelbeeren gemischt

Puderzucker
zum Bestreuen

Tipp
Den Kuchen zum Mitnehmen
sollten Sie nur mit einer
Creme ohne Eier zubereiten,
die auch an einem heißen
Tag nicht verdirbt.

1 Für den Teig die Butter mit dem Zucker, dem Essig und dem Wasser in einer Schüssel verrühren. Das Mehl mit dem Backpulver vermischen und unterrühren.

2 Den Boden einer Springform von 26 cm Durchmesser mit Backpapier auslegen. Den Teig in die Form drücken und im vorgeheizten Backofen bei 200 °C in 20 Minuten zu einem hellbraunen Tortenboden backen, herausnehmen und auf einem Kuchengitter abkühlen lassen.

3 Für die Creme die Milch in einen Kochtopf gießen. Die Vanilleschote der Länge nach mit einem kleinen, spitzen Messer aufschneiden, das Mark herauskratzen und mit der Schote in die Milch geben. 5 EL Milch in ein Schälchen geben und zum Anrühren der Speisestärke beiseite stellen.

4 Die Milch im Topf bis knapp unter dem Siedepunkt erhitzen und die Vanilleschote etwa 15 Minuten darin ziehen lassen. Nun die Vanilleschote herausnehmen, den Zucker in die Milch streuen und alles zum Kochen bringen.

5 Die Speisestärke mit der Milch im Schälchen glatt rühren, in die kochende Milch beimischen und kurz aufkochen, bis die Creme dick ist. Die Creme abkühlen lassen und dabei immer wieder umrühren. Dann mit dem Quark, der Zitronenschale und dem Orangenlikör vermengen.

6 Die Beeren verlesen, in einer Schüssel mit kaltem Wasser waschen, auf ein Sieb abgießen und sehr gut abtropfen lassen. Inzwischen den Tortenboden mit der Creme bestreichen, dann die Beeren auf der Creme verteilen und mit Puderzucker bestreuen.

Natürlich gut

Die geschützte Bezeichnung *Kamut* für Khorasan-Weizen kennen Sie vermutlich. Kamut gehört zu den natürlichen Lebensmitteln, weil er durch züchterische Eingriffe noch nicht verändert wurde. Die auffällig großen Körner enthalten 20 bis 40 Prozent mehr Eiweiß, Fettsäuren, Vitamine und Mineralstoffe als Weizen und gelten auch als besser verträglich für Menschen, die mit Weizen Probleme haben, wie sich in Versuchen der IFAA (International Food Allergy Association) gezeigt hat. Doch für Zöliakie-Kranke ist auch Kamut nicht geeignet, denn genau wie Weizen enthält er Gluten. Bei der Ver-

arbeitung von Kamut müssen Sie nichts weiter beachten – man kann genauso leicht damit backen, Flocken fürs Müsli quetschen oder Getreidebrei zubereiten. Vollkornmehl, ganze Körner, Nudeln und Flocken aus dieser traditionellen Weizensorte bekommen Sie in Bioläden und Reformhäusern. Angebaut wird Kamut in Nordamerika und Südeuropa. Für den deutschen Markt bieten ihn vorwiegend ökologisch wirtschaftende Betriebe an.

Nektarinen-Crêpes ☯ ☀

Zutaten für 4 Portionen

200 ml Milch
oder Sojamilch

150 g Sahne
oder Sojasahne

125 g Kamutmehl

1 Prise Salz

1 große Msp.
abgeriebene
Bio-Zitronenschale

4 Eier

2 EL Erdnussöl

Sonnenblumen- oder
Rapsöl zum Backen

4 reife Nektarinen

4 TL Ahornsirup
oder Honig

1 Die Milch mit der Sahne vermischen. Das Kamutmehl dazugeben und unterrühren. Nun das Salz, die Zitronenschale, die Eier und das Erdnussöl hinzufügen und alles mit den Quirlen des Handrührgerätes zu einem Eierkuchenteig vermischen.

2 In einer beschichteten Pfanne etwas Öl erhitzen. 1/2 Schöpfkelle Teig zugeben und durch Schwenken der Pfanne verteilen. Crêpe zugedeckt bei mittlerer Hitze backen, bis sie an der Oberseite fest ist. Wenden und in der offenen Pfanne fertig backen, dann herausnehmen, zweimal zusammenklappen und auf einer Platte im Backofen bei 50 °C warm halten.

3 Aus dem restlichen Teig 7 weitere Crêpes backen, zusammenfalten und zum Warmhalten auf die Platte legen.

4 Die Nektarinen waschen, abtrocknen, halbieren, entsteinen und in kleine Stücke schneiden. Dann in einer Schüssel mit Sirup oder Honig mischen.

5 Die Crêpes auf Portionstellern anrichten und die Nektarinen darauf verteilen. Nun sofort servieren – nach Wunsch auch mit Eiscreme oder Schlagsahne.

Ganz im Biorhythmus

Crêpes und Pfannkuchen gehören überall dort zum Frühstück, wo das Mittagessen eher karg ausfällt. Und das ist sinnvoll: Die Kombination aus Getreide und Eiern gibt uns den Energieschub, den wir für den Tag brauchen. Wenn wir dagegen mittags ordentlich zulangen, werden wir müde, weil unser Blut in die Verdauungsorgane statt ins Gehirn strömt. Planen Sie also möglichst häufig ein gemütliches Frühstück. Sie können Crêpes auf Vorrat backen, einfrieren und auf dem Toaster erhitzen.

Obst-Gratin

**Zutaten für
4 Portionen**

400 g reife
Zwetschgen

2 mittelgroße Äpfel

50 g Mehl

3 Eier

1/4 l Vollmilch

200 g Dickmilch

2 EL Ahorn- oder
Agavensirup

2 EL Butter für die
Form und zum Belegen

Puderzucker
zum Bestreuen

1 Die Zwetschgen waschen, halbieren und entsteinen, die Äpfel vierteln, schälen, vom Kerngehäuse befreien und in Spalten schneiden. Das Obst in einer gefetteten Gratinform verteilen.

2 Das Mehl mit den Eiern in einer Schüssel verrühren. Die Milch, die Dickmilch und den Sirup hinzufügen und alles mit einem Schneebesen kräftig schlagen, bis der Teig glatt ist.

3 Den Teig über das Obst in der Form gießen, mit einigen Butterstücken belegen und im vorgeheizten Backofen bei 200 °C in 30 bis 35 Minuten goldgelb backen.

4 Gratin mit Puderzucker bestreuen und heiß aus dem Ofen oder lauwarm abgekühlt servieren.

Kirschenschmarren

**Zutaten für
3 Portionen**

200 g zarte
Haferflocken

300 ml Milch

300 g Kirschen

1 Prise Salz

Abgeriebene Schale
von 1/2 Bio-Zitrone

2 Eier

2 EL Butterschmalz

50 g Rohr-
oder Rübenzucker

1/2 TL Zimtpulver

1 Die Haferflocken in eine Schüssel geben, die Milch erhitzen, kochend heiß darüber gießen und die Flocken dann zugedeckt quellen lassen.

2 Die Kirschen waschen, von den Stielen zupfen und entsteinen. Die Flocken mit Salz, Zitronenschale und Eiern verrühren, dann die Kirschen daruntermischen.

3 Das Butterschmalz in einer großen Pfanne erhitzen. Den Teig darin zugedeckt bei schwacher Hitze etwa 10 Minuten backen, bis er an der Unterseite fest ist. Nun in der Pfanne mit einer Gabel in Stücke teilen und bei mittlerer Hitze unter Wenden goldbraun backen.

4 Den Schmarren auf gut vorgewärmten Tellern anrichten. Zucker und Zimt mischen und über den Schmarren streuen.

Himbeertörtchen ✳

Zutaten für
4 Stück

Für den Teig

100 g weiche Butter

75 g Puderzucker

Abgeriebene Schale
von 1/2 Bio-Zitrone

2 mittelgroße Eier

150 g Mehl

50 g gemahlene
Haselnuss- oder
Walnusskerne

5 EL Milch

Für die Creme

125 g Rahmfrischkäse

125 g Magerquark

125 g Sahne

2 EL Zucker

1 Msp. abgeriebene
Bio-Zitronenschale

1 EL Eierlikör

1 EL Vanillezucker

400 g Himbeeren

Puderzucker
zum Bestreuen

Wissen
Frisch gepflückt, enthalten
Beeren besonders viele Vital-
stoffe. Selbst Sammeln lohnt
sich also und bringt durch
Bewegung an der frischen
Luft den Biorhythmus
in Schwung!

1 Für den Teig die Butter mit dem Puderzucker und
der Zitronenschale cremig rühren. Zuerst die Eier, dann
das Mehl mit den Nüssen und zuletzt die Milch unterrühren.

2 Ein Backblech fetten und dünn mit Mehl bestreuen.
8 Dessertringe (je 7,5 cm Durchmesser) ebenfalls fetten
und auf das Blech setzen. Den Teig mit einem Esslöffel in
den Ringen verteilen und in den vorgeheizten Backofen
schieben. Die Törtchen bei 200 °C in etwa 20 Minuten
goldbraun backen.

3 Die Törtchen herausnehmen und auf dem Blech
10 Minuten ruhen lassen. Dann mit einer Messerspitze
von den Ringen lösen und zum Abkühlen auf ein
Kuchengitter legen.

4 Für die Creme den Frischkäse mit dem Magerquark
und der halben Menge Sahne zu einer glatten Creme
verrühren. Den Zucker, die Zitronenschale und den
Eierlikör untermischen. Die restliche Sahne mit dem
Vanillezucker steif schlagen und unter die Creme
mischen.

5 Die Himbeeren in einer Schüssel mit kaltem Wasser
vorsichtig waschen, auf ein Sieb zum Abtropfen geben
und dann mit Küchenpapier trockentupfen. Etwa 2/3
der Creme auf vier Törtchen geben, Himbeeren darauf
verteilen und mit den restlichen Törtchen abdecken.

6 Den Rest der Creme als Kleckse auf die Törtchen
setzen und mit Himbeeren garnieren. Die Törtchen mit
Puderzucker bestreut servieren.

Achtsamkeit gegen Tiere

Erste Hilfe bei Bienen- und Wespenstich sind Spitz- und Breitwegerich: Die Blätter pflücken, zwischen den Fingern zerreiben und auf den Stich legen.

Ein gutes Essen im Freien lockt geflügelte Gäste an, und vor allem Wespen lieben Süßes und Herzhaftes gleichermaßen. Eine weitverbreitete Unsitte ist es, die Tiere in ein Glas mit süßem Getränk krabbeln und darin ertrinken zu lassen – wer achtsam ist, tötet ein Lebewesen nicht, nur weil es lästig ist. Viele Menschen halten Wespen für Schädlinge, doch das stimmt nicht: Ebenso wie Hornissen sind sie nützliche Insekten, die Pflanzen bestäuben und Ungeziefer fressen, somit zum Gleichgewicht in der Natur beitragen. Sie können Wespen übrigens ganz einfach vom eigenen Teller fernhalten, wenn Sie teilen: Legen Sie ein Stückchen von dem, was Sie essen, für die Tierchen beiseite und lassen Sie sie in Ruhe fressen. Doch Vorsicht ist trotzdem geboten. Bei jedem Bissen, den Sie in den Mund stecken, müssen Sie aufpassen, dass keine Wespe (oder Biene) darauf sitzt!

Bevor der Sommer geht ...

... schenkt er uns noch eine ganze Menge Obst für selbst gekochten Saft und Kompott. Im August wird auch der Rumtopf abschließend gefüllt mit Brombeeren, frühen Birnen und Zwetschgen. Und wenn Sie keine Zeit zum Einkochen haben, sollten Sie Obst einfrieren, denn man kann später rasch Kompott davon zubereiten, es als Kuchenbelag oder fürs Müsli verwenden: dafür noch gefroren mit einem Schuss selbst gemachtem Saft übergießen und über Nacht zugedeckt ziehen lassen. Morgens mischen Sie das Obst dann mit zerdrückter Banane, klein geschnittenen Äpfeln, Flocken und Joghurt. Tiefgekühlte Beeren oder entsteinte Kirschen sind Grundlage für Smoothies: Die Früchte im Mixer mit heißem Saft oder Wasser pürieren.

Mini-Saftbar

Für kleine Mengen von selbst gemachtem Beeren- oder Kirschsaft brauchen Sie nur ein großes Sieb mit einer Schüssel darunter und einen Holzstampfer: Die Früchte verlesen, waschen und gegebenenfalls entsteinen. Dann portionsweise ins Sieb geben und mit dem Holzstampfer bearbeiten, damit der Saft abtropft. Mit einem feinmaschigen Sieb geht das ziemlich langsam, und der dünnflüssige Saft schmeckt als Schorle oder Bowle, während Sie mit einem groben Sieb weniger Arbeit haben und einen sämigen Saft für Smoothies und Obstsaucen bekommen.

Saft einkochen

Für 3 bis 4 Liter Saft reichen 3 Kilo verlesene und entstielte Früchte wie Himbeeren, Johannisbeeren, Erdbeeren oder entsteinte Kirschen. Die Früchte in eine Glas- oder Porzellanschüssel füllen und zerdrücken. 50 Gramm Weinstein oder Zitronensäure aus der Apotheke in 2 Liter kaltem Wasser auflösen und über die Früchte gießen. Etwa 12 Stunden zugedeckt ruhen lassen, dabei ab und zu umrühren. Das Obst nach der Ruhezeit durch ein Safttuch (→ Kasten) abtropfen lassen. Für die Haltbarkeit wird ungezuckerter Saft nun sterilisiert: In gespülte und noch einmal kochend heiß ausgespülte Flaschen füllen, verschließen und im Einkochautomat nach Gebrauchsanweisung bei 80 °C etwa

---

Safttuch

Einen Stuhl umgedreht auf den Tisch legen, ein großes Seihtuch zwischen die Stuhlbeine binden und ein großes Gefäß darunter stellen. Nun das gekochte Obst ins Tuch füllen und den Saft über Nacht in das Gefäß laufen lassen.

Tipp
Mit selbst gemachtem Saft können Sie Gelee fürs Frühstück, Grütze zum Nachtisch und Likör für die Hausbar zubereiten.

Wichtig ist absolute Sauberkeit: Die frisch gespülten Flaschen und die Twist-off-Deckel müssen bis zum Befüllen in einer Schüssel mit kochend heißem Wasser liegen.

30 Minuten kochen lassen. Gezuckerten Saft kochen Sie so ein: Pro Liter Saft 300 Gramm Zucker zufügen und unter Rühren aufkochen. Kochend heiß abfüllen.

Saft aus dem Dampf

Diese Methode ist ideal für Wildobst wie Kornelkirschen und Vogelbeeren sowie für harte Früchte wie Äpfel, Quitten, Birnen und Zwetschgen. Außerdem können Sie im Dampfentsafter größere Mengen Früchte schonend und einfach entsaften: Bis zu 8 Kilogramm Obst ergeben in knapp 2 Stunden etwa 4 Liter Saft. Die Früchte kommen in einen gelochten Einsatz, der in den Topf gehängt wird. Unten im Wasserbehälter wird Wasser erhitzt, sodass Dampf aufsteigt und die Früchte im Locheinsatz gart. Der Saft läuft in einen Auffangbehälter und kann heiß mit einem Schlauch direkt in Flaschen gezapft werden. Die Zeit müssen Sie kontrollieren, denn je nach Obstsorte fließt der Saft unterschiedlich schnell.

Tipp
Die Pie schmeckt zum Nachmittagskaffee am besten mit Schlagsahne. Doch sie ist auch Frühstück für Abendmenschen, die Energie »essen« müssen, um in Schwung zu kommen.

Natur pur

Die Älteren unter uns erinnern sich noch an die sommerlichen »Schwemmen«: Da gab es Obst und Gemüse so spottbillig, dass man Erdbeeren, Aprikosen, Kirschen, Tomaten und Einlegegurken kistenweise nach Hause schleppte und wahre Einkoch-Orgien veranstaltete. Niemand wäre auf die Idee gekommen, die guten Gaben von Mutter Natur wegzuwerfen oder vergammeln zu lassen; alles wurde verwertet und für den Wintervorrat haltbar gemacht. Heute können wir von diesem wunderbaren Überfluss ebenfalls profitieren: als Gar-

tenbesitzer mit Obstbäumen, wenn wir auf Streuobstwiesen sammeln oder in Obstplantagen pflücken gehen. Auch manche Hofläden bieten Kunden die Möglichkeit, Obst und Gemüse selbst zu ernten.

Natürlich müssen Sie nicht nur Marmelade rühren. Ich backe zum Beispiel verschiedene Obstkuchen auf Vorrat und friere sie für den Winter ein – das Rezept oben und alle Kuchen auf den folgenden Seiten eignen sich dafür. Außerdem koche ich Chutney und Saft (→ Seite 110 f.) und schmore Gemüse für Würze und Suppe (→ Seiten 78, 152 ff. und 179).

Bunte Obstpie

Zutaten für 6 Stücke

Für den Teig

180 g Magerquark

75 g Zucker

1 Ei

1/2 TL geriebene
Bio-Zitronenschale

6 EL Öl

3-4 EL Milch

200 g Weizen-
vollkornmehl

100 g Mehl

1 Prise Salz

1 gehäufter TL
Weinstein-Backpulver

Für die Füllung

600 g Heidelbeeren
und Aprikosen
gemischt

1 Ei

1 EL Vanillepudding-
pulver

100 ml roter Fruchtsaft

1 Handvoll kleine italie-
nische Mandelkekse
(Amarettini)

1 Für den Teig den Quark in ein Küchentuch geben und in einem Sieb abtropfen lassen. Dann in einer Schüssel mit Zucker, Ei, Zitronenschale, Öl und zunächst 2 EL Milch verrühren.

2 Das Vollkornmehl und das Mehl mit Salz und Backpulver mischen. Die Hälfte davon zur Quarkcreme geben und mit den Knethaken des Handrührgerätes vermischen, bis sich alle Zutaten verbunden haben.

3 Das restliche Mehl auf die Arbeitsfläche streuen und eine Mulde hineindrücken. Die Quarkcreme aus der Schüssel in die Mulde geben und alles mit den Händen durchkneten, bis der Teig glatt und geschmeidig ist, dabei eventuell noch 1 oder 2 EL Milch zufügen.

4 Den Teig auf Backpapier mit der Nudelrolle zu einer runden Platte ausrollen und mit dem Papier auf ein Backblech ziehen.

5 Für die Füllung das Obst waschen und trockentupfen. Die Heidelbeeren auf dem Teig verteilen. Die Aprikosen halbieren, entsteinen und auf die Heidelbeeren legen.

6 Das Ei mit dem Vanillepuddingpulver und dem Fruchtsaft verquirlen und darüber gießen. Die Mandelkekse im Mixer mahlen und das Obst damit bestreuen.

7 Den Teig etwa drei Finger breit vom Rand her über das Obst legen und die Pie im vorgeheizten Backofen bei 200 °C etwa 40 Minuten backen.

Heidelbeer-Muffins

**Zutaten für
12 Muffins**

250 g frische
Heidelbeeren

100 g Honigmarzipan
(→ Tipp)

250 g Mehl

2 1/2 TL Weinstein-
Backpulver

125 g brauner Rohr-
oder Rübenzucker

1 TL abgeriebene
Bio-Zitronenschale

1 Ei

250 g Milch

80 ml Öl

1 Die Heidelbeeren waschen, das Marzipan in kleine
Stücke schneiden, das Mehl mit Backpulver, Zucker und
Zitronenschale in einer Schüssel mischen.

2 Ei mit Milch und Öl mit den Quirlen des Handrührers
aufschlagen, zum Mehl geben und Heidelbeeren und
Marzipan mit einem Löffel unterrühren.

3 Den Teig in den gefetteten Muffinmulden (je etwa
4 cm tief) verteilen. Die Muffins im vorgeheizten
Backofen bei 200 °C etwa 20 Minuten backen, bis sie
aufgeplatzt und schön gebräunt sind.

Tipp
Honigmarzipan aus dem Bioladen besteht vorwiegend
aus ökologisch angebauten Zutaten.

Johannisbeertarte

**Zutaten für
8 Stücke**

Für den Teig

250 g Mehl

1 EL Trockenhefe

1 Prise Salz

175 ml lauwarme Milch

Für den Belag

200 g Johannisbeeren

1 reife Nektarine

250 g Joghurt

1 Eigelb

1 EL Speisestärke

75 g Zucker

1 Mehl mit Hefe und Salz in einer Schüssel mischen. Die Milch zugeben und alles mit den Knethaken des Handrührgerätes rühren, bis der Teig sich vom Schüsselrand löst. Dann zugedeckt 1 Stunde bei Zimmertemperatur ruhen lassen.

2 Die Johannisbeeren waschen und von den Stielen streifen. Die Nektarine waschen, entsteinen und mit Joghurt, Eigelb und Speisestärke pürieren.

3 Den Teig auf Mehl zu einer Platte ausrollen und in eine gefettete runde Backform von 28 cm Durchmesser legen. Nektarinenjoghurt auf den Teig gießen und die Johannisbeeren darauf verteilen. Tarte mit dem Zucker bestreuen und im vorgeheizten Backofen bei 200 °C etwa 50 Minuten backen.

Hirsekuchen mit Aprikosen

Zutaten für
6 Stück

3/8 l Milch

1 Prise Salz

100 g Hirse

6 große reife
Aprikosen

50 g weiche Butter

125 g brauner Rohr-
oder Rübenzucker

1 TL Vanillepulver

1 Msp. abgeriebene
Bio-Zitronenschale

2 EL Zitronensaft

3 Eier

300 g Magerquark

50 g Dinkelmehl
Type 630

1 TL Weinstein-
Backpulver

Fett für die Form

1 Die Milch mit Salz zum Kochen bringen. Die Hirse auf einem Sieb unter kaltem Wasser abspülen und abtropfen lassen, dann in die Milch rühren, einmal aufkochen und bei schwacher Hitze 20 Minuten garen, dabei immer wieder umrühren. Den Topf von der Kochstelle nehmen und die Hirse lauwarm abkühlen lassen.

2 Inzwischen die Aprikosen abziehen, halbieren, entsteinen und in Schnitze teilen. Die Butter mit dem Zucker, der Vanille, der Zitronenschale und dem Zitronensaft cremig rühren. Die Eier trennen und die Eigelbe nacheinander unter den Teig rühren. Nun esslöffelweise den Hirsebrei und Quark untermischen.

3 Die Eiweiße steif schlagen und auf den Teig geben, das Dinkelmehl und das Backpulver gemischt auf den Eischnee sieben und alles mit einem Kochlöffel verrühren.

4 6 kleine Obstkuchenformen (etwa 10 cm Durchmesser) sehr gut fetten, den Teig in den Formen verteilen, glatt streichen und dann mit den Aprikosenschnitzen belegen. Die Kuchen auf den Backofenrost stellen und im vorgeheizten Backofen bei 180 °C etwa 1 Stunde backen. Anschließend herausnehmen, auf einem Kuchengitter abkühlen lassen und danach aus den Formen lösen.

Gut aus Tradition

Hirse gilt als die älteste Getreideart, die der Mensch kultiviert hat: Chinesen und Inder haben sie ebenso gegessen wie Griechen und Spartaner. Die Wertschätzung, die man den nahrhaften gelben Körnchen gezollt hat, zeigt schon der Name, der vermutlich von einem griechischen Wort für *Nahrung* oder *Sättigung* stammt. Hirse ist reich an Eisen, das wir in Kombination mit Vitamin C besonders gut verwerten können – deshalb der Zitronensaft im Kuchenteig.

Apfelschnecken ✳

**Zutaten für
10 Stück**

Für den Teig

500 g Mehl

50 g Zucker

1/4 TL Salz

1 Würfel frische Hefe

250 ml lauwarme Milch

1 Ei

Für die Füllung

4 mittelgroße Äpfel

1 EL Butter

1 EL brauner Rohr-
oder Rübenzucker

3 EL gehackte Mandeln

3 EL Rosinen

1 TL abgeriebene
Bio-Zitronenschale

Mehl für die
Arbeitsfläche

3 gehäufte TL Butter
zum Bestreichen

Wissen
Menschen mit raschem Stoffwechsel nutzen Süßes als Energieschub, und Obst ist da besonders willkommen, weil es schnell verfügbaren Traubenzucker enthält.

1 Das Mehl mit dem Salz in einer Schüssel mischen, in die Mitte eine Mulde drücken und die Hefe in die Mulde krümeln. Den Zucker und 6 EL Milch über die Hefe geben und die Hefe damit sowie mit etwas Mehl vom Rand zu einem Brei verrühren. Diesen Vorteig zugedeckt bei Zimmertemperatur 15 Minuten ruhen lassen.

2 Nach der Ruhezeit den Vorteig mit dem gesamten Mehl verrühren. Das Ei und die restliche Milch zugeben und alles mit den Knethaken des Handrührgerätes etwa 5 Minuten durchrühren, bis sich der Teig vom Schüsselrand löst. Den Teig zugedeckt etwa 1 Stunde ruhen lassen, bis er sein Volumen verdoppelt hat.

3 Für die Füllung die Äpfel vierteln, schälen, entkernen, in Stücke schneiden und mit der Butter und dem Zucker in einen Topf geben. 2 EL Wasser hinzufügen und aufkochen. Die Äpfel zugedeckt bei schwacher Hitze 5 Minuten dünsten, dann die Mandeln, die Rosinen und die Zitronenschale darunter mischen.

4 Den Teig auf Mehl noch einmal durchkneten, dann mit der bemehlten Nudelrolle zu einer etwa 1/2 cm dicken Platte ausrollen.

5 Die Äpfel auf der Teigplatte verteilen, die Platte von der schmalen Seite her aufrollen, in 10 Scheiben schneiden und sie nebeneinander in eine gefettete Backform von 28 cm Durchmesser legen. Zugedeckt 15 Minuten gehen lassen, dann im vorgeheizten Backofen bei 200 °C 30 Minuten backen.

6 Den Ofen auf 160 °C schalten, die Apfelschnecken mit der Hälfte der Butter bestreichen und noch 20 Minuten backen. Herausnehmen, mit dem Rest der Butter bestreichen und gerade eben abgekühlt servieren.

Herbst

Wer mag es bewirken,
dass der Herbst kommt,
beladen mit reifen Beeren
in einem erntereichen Jahr?

Notker III. von St. Gallen

Herbstvergnügen

Das Jahr neigt sich, die größte Hitze ist vorbei, und aus einem nebelverhangenen Morgen wird ein sonnig-klarer Tag. Nutzen Sie den Goldenen Oktober fürs letzte Sonntagsfrühstück im Freien mit selbst gebackenem Brot und fruchtiger Marmelade, Tomatenkuchen und einer würzigen Kartoffelcreme, wie sie früher die Erntearbeiter gegessen haben. Alle Rezepte finden Sie in diesem Kapitel; sie sind reich an Kohlenhydraten und enthalten auch eine gute Portion Fett, denn beides gehört zu unseren wichtigsten Energielieferanten. Danach verlangt unser Körper, wenn der Biorhythmus sich auf die kalte Jahreszeit einpendelt.

Planung tut gut

Jetzt ist die Zeit der Pflücker und Sammler gekommen: An den Bäumen reifen bunte Äpfel, gelbgrüne Birnen und samtig-blaue Zwetschgen, und wer keinen eigenen Obstgarten hat, deckt seinen Bedarf auf Streuobstwiesen (→ Adressen auf Seite 218) oder bei Bauernhöfen, die das Obst auch oft zum Selbstpflücken anbieten. Vorräte anlegen entspricht unserem Bedürfnis nach Sicherheit und bestimmt wie andere Zeitgeber unseren Biorhythmus, genau wie bei unseren Vorfahren. Denn obwohl wir auch im Winter weder hungern noch frieren müssen, ist unser Organismus

auf harte Monate programmiert. Geben Sie diesem ursprünglichen Bedürfnis ruhig nach: Marmelade kochen und Kraut einlegen sind meditative Arbeiten, die unsere Stimmung positiv beeinflussen. Wer dabei richtig schuften muss, fühlt sich auch richtig gut, weil Anstrengung und Konzentration die Ausschüttung von Endorphinen fördern, die als körpereigene *Glücksstoffe* gelten.

Die innere Uhr takten

Sobald die Tage kürzer werden, ändert sich unsere Stimmung, und das ist ganz normal: Weniger Licht lässt den Körper mehr Melatonin und weniger Serotonin produzieren, wir sind eher gedämpft als motiviert. Doch wenn Sie sich missmutig durch den Tag quälen, ist Ihre biologische Uhr aus dem Takt geraten. Gönnen Sie sich so oft wie möglich einen Mittagsschlaf, trinken Sie danach Kräutertee mit Zitronenverbene, Zimt und Ringelblumen zu einem Stück Kuchen oder einem Honigbrot.

Gehen Sie regelmäßig ins Freie, selbst wenn Sie sich an trüben Tagen dazu überwinden müssen.

Brotsuppe mit Tomaten

Zutaten für
4 Portionen

125 g altbackenes Brot

1 Zwiebel

1 Knoblauchzehe

4 reife Tomaten

1 kleine Fenchelknolle
mit Grün

2 EL Olivenöl

600 ml Fleisch- oder
Gemüsebrühe

2 EL Schmand

Salz nach Belieben

Frisch gemahlener
Pfeffer

1 Bund Schnittlauch

Wissen
Brot macht satt, belastet
aber die Verdauung nicht.
Deshalb ist die leichte
Suppe auch ein Snack für
Nachtmenschen.

1 Das Brot in grobe Stücke schneiden, die Zwiebel
und den Knoblauch schälen und fein zerkleinern.
Die Tomaten mit kochendem Wasser überbrühen, die
Haut abziehen, die Tomaten würfeln und dabei die
Stielansätze entfernen. Die Fenchelknolle waschen,
vierteln, in kleine Stücke schneiden und das Fenchelgrün grob zerkleinern.

2 Das Öl in einem Topf erhitzen und die Zwiebel darin
glasig braten, dann das Brot und den Knoblauch zugeben
und kurz mitbraten. Nun die Tomaten und den Fenchel
mit dem Grün hinzufügen und unter Rühren etwa
3 Minuten schmoren.

3 Die Brühe unter Rühren zugießen, einmal aufkochen
und die Suppe zugedeckt bei schwacher Hitze etwa
10 Minuten kochen, bis sie sämig ist.

4 Den Schmand unterrühren, die Suppe mit Salz und
Pfeffer abschmecken und nach Wunsch mit dem
Stabmixer einige Male durchrühren, aber nicht fein
pürieren.

5 Die Suppe in vorgewärmte Portionsteller verteilen.
Den Schnittlauch waschen, trockentupfen, fein schneiden und die Suppenportionen damit bestreuen.

* Zur Bedeutung der Symbole → Seite 13

Natürlich gut

So können Sie alt gewordenes Brot höchst delikat verwerten, denn
Tomaten und Brot passen wunderbar zusammen: Die Tomaten
geben der Suppe feines Aroma und sanfte Säure. Die Kombination von Brot und Schmand liefert überdies hochwertiges Eiweiß
auch ohne Fleisch. Das Brot sollte bereits hart sein, damit es in der
Suppe noch Biss hat. Weiches Brot müssen Sie im Öl kräftig rösten.

Achtsamkeit aus Tradition

Brotsuppen gehörten früher zur Resteverwertung, denn noch vor wenigen Jahren war es für viele Menschen undenkbar, altbackenes Brot einfach wegzuwerfen. Wie achtsam man mit Essbarem umgegangen ist, schildert die Schriftstellerin *Lena Christ* (1881–1920) in ihren »Erinnerungen«: »Das Wasser, in dem die Knödel, die neben ihrer Schmackhaftigkeit auch noch den Vorzug der Billigkeit hatten, gesotten wurden, wurde bei uns nie weggeschüttet, sondern in einer großen bemalten Schüssel aufgetragen. Dazu stellte die Großmutter ein Pfännchen mit heißem Schmalz und braunen Zwiebeln und im Sommer auch ein Schüsselchen von Schnittlauch. Der Großvater langte dann den von der Mutter selbst gebackenen Brotlaib, der mittels unseres Hausschlüssels ringsum mit einem Kranz von ringförmigen Eindrücken verziert war, aus dem Wandschränklein und begann langsam und bedächtig Schnittlein um Schnittlein in die Brüh zu schneiden. Danach goss er die Schmelz darüber, würzte gut mit Salz und Pfeffer und rührte mit seinem Löffel etliche Male um.«

Kartoffelsuppe mit Pilzen

**Zutaten für
4 Portionen**

2 große mehlige
Kartoffeln

1 große Zwiebel

1 EL Olivenöl

1 l Fleischbrühe

200 g frische
Champignons

2 Zweige frischer
Thymian

1 EL Butter

100 g Ricotta

Salz nach Belieben

Frisch gemahlener
Pfeffer

Etwas geriebene
Muskatnuss

1 Die Kartoffeln schälen, waschen und in kleine Stücke schneiden, die Zwiebel schälen und fein zerkleinern, dann im heißen Öl bei schwacher Hitze glasig braten.

2 Die Kartoffeln zugeben, mit der Fleischbrühe aufgießen und einmal aufkochen. Nun zugedeckt bei schwacher Hitze in etwa 25 Minuten ganz weich kochen.

3 Inzwischen die Pilze putzen, kurz waschen und gut trockentupfen. Große Pilze in dünne Scheiben schneiden, kleine nur halbieren. Den Thymian waschen, trockentupfen und die Blättchen abzupfen.

4 Die Butter in einer kleinen Pfanne erhitzen und die Pilze mit dem Thymian darin bei schwacher Hitze etwa 5 Minuten braten und dabei immer wieder wenden.

5 Die Suppe mit dem Mixstab pürieren, dabei die halbe Menge Ricotta daruntermischen. Mit Salz, Pfeffer und Muskat abschmecken und auf vorgewärmte Portionsteller verteilen. Die gebratenen Pilze mit der Bratbutter auf die Suppenportionen geben, den restlichen Ricotta in Stückchen schneiden und darauf anrichten.

Tipp
Wenn Sie frische Pfifferlinge oder Steinpilze für die Suppe bekommen, schmeckt sie noch aromatischer, ist dann aber nur Mittagessen, denn Wildpilze sind schwer verdaulich.

Wissen

Wirklich gute Winterkartoffeln zum Einlagern gibt es aus heimischem Anbau ab Ende September: Die dicken, mehligkochenden Knollen nimmt man für Suppe, Klöße und Püree, aber auch für Gratin und Ofenkartoffeln. Nur Kartoffelsalat gelingt besser mit festkochenden Kartoffeln.

Tomatenkuchen ☀ ☽

Für den Teig

300 g Mehl

1 TL Salz

1/2 Würfel Hefe

1/2 TL Zucker

150 ml lauwarme Milch

1 Ei

1 EL Sonnenblumenöl

Für den Belag

Etwa 1,5 kg vollreife Tomaten

1 Handvoll gemischte, frische Kräuter

1 Knoblauchzehe

50 g geriebener Bergkäse

1 Ei

Salz nach Belieben

Frisch gemahlener Pfeffer

125 g Mozzarella

Tipp
Der Kuchen ist leichter als Pizza und passt deshalb auch zum Lunch oder als Mittagssnack.

1 Das Mehl mit dem Salz in einer Schüssel mischen, in die Mitte eine Mulde drücken und die Hefe in die Mulde krümeln. Den Zucker und 4 EL Milch über die Hefe geben und die Hefe damit sowie mit etwas Mehl vom Rand zu einem Brei verrühren. Diesen Vorteig zugedeckt bei Zimmertemperatur 15 Minuten ruhen lassen, bis sich Blasen gebildet haben.

2 Nach der Ruhezeit den Vorteig mit dem gesamten Mehl verrühren. Die restliche Milch, das Ei und das Öl zugeben und alles mit den Knethaken etwa 5 Minuten durchrühren, bis sich der Teig vom Schüsselrand löst und einen Kloß bildet. Den Teig nun zugedeckt an einem warmen Ort 1 Stunde ruhen lassen.

3 Inzwischen die Tomaten schälen. Etwa 1/3 davon in eine Schüssel geben und mit dem Kartoffelstampfer zerdrücken. Die gewaschenen Kräuter und die geschälte Knoblauchzehe fein zerkleinern und zu den zerdrückten Tomaten geben. Den Käse, das Ei, Salz und Pfeffer hinzufügen und alles mischen.

4 Den Teig in der Schüssel noch einmal kräftig durchkneten, dann auf einem gefetteten Backblech ausrollen und mit der Tomatenmischung bestreichen.

5 Die restlichen Tomaten in grobe Stücke schneiden und auf den Kuchen legen. Den gewürfelten Mozzarella darauf verteilen und den Tomatenkuchen im vorgeheizten Backofen bei 220 °C etwa 25 Minuten backen. Heiß aus dem Ofen oder lauwarm abgekühlt servieren.

Linsen-Gemüse und Joghurt

Zutaten für 4 Personen

Für die Linsen

150 g kleine Linsen

500 ml Gemüsebrühe

1 rote Zwiebel

1 große Kartoffel

1 Fleischtomate

1 Handvoll Cocktail-Tomaten

5 EL Olivenöl

1 gehäufter TL Currypulver

1 Handvoll Minze

500 g Joghurt (etwa 3,8 % Fett)

1 EL Schmand

Salz nach Belieben

Frisch gemahlener Pfeffer

1 Die Linsen mit der Gemüsebrühe aufkochen und zugedeckt bei schwacher Hitze in 30 bis 45 Minuten knapp weich garen.

2 Inzwischen die Zwiebel schälen, halbieren und in hauchfeine Scheiben schneiden. Die Kartoffel schälen, waschen und klein würfeln. Die Fleischtomate mit kochendem Wasser überbrühen, abziehen, in kleine Stücke schneiden und die Cocktail-Tomaten waschen.

3 Das Öl in einem weiten Topf erhitzen und die Cocktail-Tomaten darin rundherum leicht braun anbraten, wieder herausnehmen und auf einem Teller beiseite stellen.

4 Die Zwiebel ins Bratöl geben und bei schwacher Hitze darin glasig braten. Das Currypulver darüber streuen und etwa 1 Minute mitbraten. Die Kartoffelwürfel und die Tomatenstücke zugeben und unter Rühren etwa 3 Minuten braten.

5 Die Linsen mit der eventuell verbliebenen Brühe hinzufügen, einmal aufkochen und zugedeckt bei schwacher Hitze noch etwa 10 Minuten garen, bis die Kartoffeln weich sind.

6 Die Minze waschen, trockentupfen, die Blättchen abzupfen und grob zerkleinern. Dann mit den gebratenen Cocktail-Tomaten unter die Linsen mischen und alles mit Salz und Pfeffer abschmecken.

7 Den Joghurt mit dem Schmand verrühren, ebenfalls mit Salz und Pfeffer würzen und zu den heißen Linsen servieren.

Tipp
Gut zum Lunch: Die heißen Linsen in Portionsgläser füllen, den gekühlten Joghurt darauf geben und mit frischem Fladenbrot servieren.

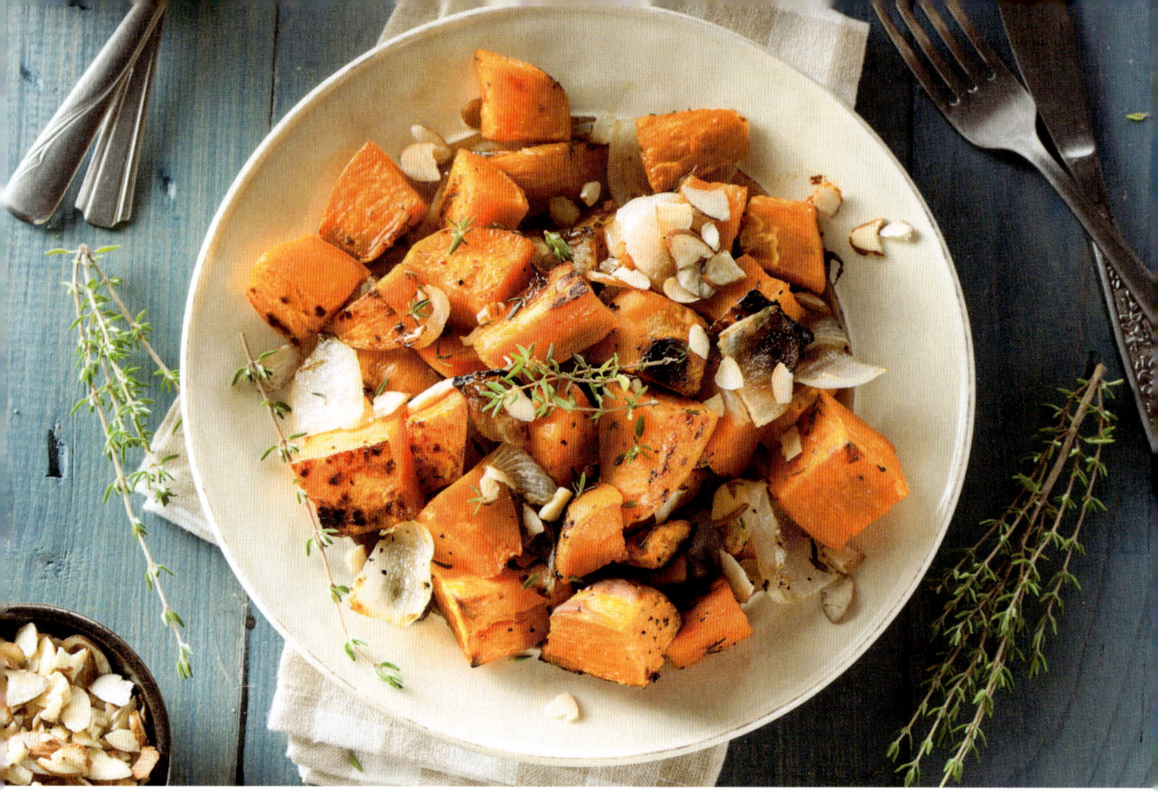

Gebratene Süßkartoffeln

4 mittelgroße
Süßkartoffeln

1 kleine Zwiebel

2 Knoblauchzehen

1 Handvoll Thymian

100 g geschälte
Erdnusskerne

4 EL Erdnussöl

1 TL Schwarzkümmel-
samen

1/2 TL Chiliflocken

Salz nach Belieben

1 Die Süßkartoffeln schälen, waschen und würfeln, die Zwiebel und den Knoblauch schälen und grob zerkleinern, den Thymian waschen, trockentupfen und fein schneiden, dabei harte Stiele entfernen. Die Erdnusskerne mit einem großen Messer hacken.

2 Das Öl in einer großen Pfanne erhitzen, die Zwiebel und den Knoblauch darin glasig braten. Süßkartoffelwürfel, Thymian, Schwarzkümmel und Chiliflocken hinzufügen und alles unter Rühren etwa 2 Minuten kräftig rösten, bis die Kartoffeln gebräunt sind.

3 Die Süßkartoffeln zugedeckt bei mittlerer Hitze in etwa 5 Minuten weich braten. Dann mit den Erdnüssen mischen und mit Salz abschmecken. Zu gemischtem Salat, Spareribs oder Brathähnchen servieren.

Nudeln mit Bohnen

Zutaten für 2 Portionen

500 g grüne Bohnen

200 g Fusilli oder Farfalle

Salz nach Belieben

3 Zweige Bohnenkraut

1 milde Chilischote

2 EL weiche Butter

2 EL Olivenöl

4-5 EL geriebener Parmesan

1 Die Bohnen waschen, putzen und in mundgerechte Stücke schneiden. Die Nudeln in reichlich kochendes Salzwasser geben, aufkochen und etwa 3 Minuten garen. Nun die Bohnen und das Bohnenkraut zu den Nudeln geben, erneut aufkochen und alles etwa 7 Minuten garen, bis Nudeln und Bohnen gerade eben bissfest sind.

2 Inzwischen die Chilischote waschen, putzen, fein zerkleinern und in eine vorgewärmte Schüssel geben. Die Butter, das Olivenöl und 2 bis 3 EL kochend heißes Nudelwasser aus dem Topf hinzufügen und alles verrühren.

3 Die Nudeln und die Bohnen abgießen, abtropfen lassen und zur Chilimischung in die Schüssel geben. Alles noch einmal mischen, dann auf Portionstellern verteilen und mit Parmesan bestreut sofort servieren.

Gefüllte Pilze

**Zutaten für
4 Portionen**

12 große weiße
Champignons

1 kleine Zwiebel

1 Knoblauchzehe

1 Bund Petersilie

6 EL Olivenöl

50 g Semmelbrösel

50 g geriebener
Bergkäse

Salz nach Belieben

Frisch gemahlener
schwarzer Pfeffer

2 EL Zitronensaft

1 EL Butter

1 Die Pilze mit einem feuchten Tuch abwischen, die
Pilzstiele für die Füllung herausdrehen. Die Pilzhüte mit
der Höhlung nach oben auf ein mit Backpapier ausgeleg-
tes Backblech legen.

2 Die Zwiebel und den Knoblauch schälen, die Petersilie
waschen und trockentupfen. Die drei Zutaten und die
Pilzstiele fein hacken.

3 Für die Füllung 2 EL Öl in einer Pfanne erhitzen. Die
Zwiebel und den Knoblauch darin bei schwacher Hitze
glasig braten. Die Pilzstiele und die Petersilie zugeben
und alles unter Rühren bei mittlerer Hitze etwa 3 Minuten kräftig schmoren.

4 Die Pfanne von der Kochstelle nehmen, die Füllung
mit den Semmelbröseln verrühren und lauwarm
abkühlen lassen. Dann mit dem Käse mischen, mit Salz,
Pfeffer und Zitronensaft würzen.

5 Die Pilzhüte ebenfalls mit Salz und Pfeffer würzen
und mit dem restlichen Öl bestreichen, dann die Füllung
in die Pilzhüte verteilen. Die Butter in kleine Stücke
schneiden, die Pilze damit belegen und im vorgeheizten
Backofen bei 220 °C etwa 15 Minuten backen.

Ganz im Biorhythmus

Die Pilze passen zu jeder Tageszeit: Zum Brunch oder als
Snack isst man Baguette dazu. Als Hauptgericht mittags
oder abends schmecken sie mit gebratenen Süßkartoffeln
(→ Seite 132) und Salat. Und zur Dinnerparty serviert man
sie als Vorspeise: Heiß aus dem Ofen auf schöne Salatblätter setzen, ein paar Parmesanspäne darüber raspeln und
selbst gebackene Focaccia (→ Seite 92) dazu reichen.

Tipp
Würzen Sie die Füllung
für die Pilze nur sparsam
mit Salz, denn Bergkäse
enthält schon reichlich
davon.

Kartoffelkuchen ✳

Zutaten für
4 Portionen

Für den Teig

250 g Mehl

1/2 TL Salz

1/2 TL abgeriebene
Bio-Zitronenschale

125 g Butter

3-4 EL Joghurt

Für den Belag

4-6 mittelgroße Kartoffeln (etwa 600 g)

2 Knoblauchzehen

3 EL Olivenöl

1 EL Rosmarin-
blättchen

Salz nach Belieben

Frisch gemahlener
Pfeffer

6 dünne Scheiben
Bergkäse

4 EL geriebener
Bergkäse

1 Für den Teig das Mehl mit dem Salz und der Zitronenschale in einer Schüssel mischen. Die Butter in kleine Stücke teilen, auf das Mehl legen und den Joghurt darüber verteilen. Nun alles mit den Knethaken des Handrührgerätes zu einem glatten Teig verkneten.

2 Den Teig zu einem Kloß formen und in eine gefettete Backform von 28 cm Durchmesser legen. Mit dem Handballen flach drücken und mit den Fingerspitzen so auseinanderdrücken, dass er den Boden der Form bedeckt, doch keinen Rand hochziehen. Den Teig mit einer Gabel mehrmals einstechen und 1 Stunde kühlen.

3 Inzwischen die Kartoffeln schälen, waschen, in kleine Würfel schneiden und den Knoblauch schälen und fein zerkleinern.

4 Das Öl in einer Pfanne erhitzen. Kartoffeln, Knoblauch und Rosmarin darin kräftig anbraten. Alles zugedeckt bei schwacher Hitze etwa 10 Minuten braten, bis die Kartoffeln weich sind, dann kräftig mit Salz und Pfeffer würzen und abkühlen lassen.

5 Den Teigboden in den vorgeheizten Backofen schieben und bei 200 °C 10 Minuten vorbacken. Dann wieder herausnehmen und mit den Bergkäsescheiben belegen. Die Kartoffeln mit dem Bratöl aus der Pfanne auf den Käsescheiben verteilen.

6 Den Kuchen mit dem geriebenen Käse bestreuen, wieder in den Ofen schieben, in etwa 30 Minuten fertig backen und anschließend warm servieren.

Tipp
Ein herzhafter Kuchen für Brunch oder Mittagessen. Abends passt er nur für »Eulen«, also Menschen, die sehr spät zu Bett gehen.

Käsepfannkuchen mit Tomaten

**Zutaten für
4 Portionen**

150 g Käse (Sbrinz,
Chester oder mittel-
alter Gouda)

1 Handvoll Petersilie

1 Knoblauchzehe

400 g Cocktailtomaten

100 g Mehl

Salz nach Belieben

Frisch gemahlener
Pfeffer

1/2 TL edelsüßes
Paprikapulver

Gemahlener Koriander

6 Eier

4 EL Sahne

1 TL Zitronensaft

4 EL Sonnenblumenöl

1 Den Käse möglichst fein raspeln. Die Petersilie
waschen, trockentupfen und fein zerkleinern, den
Knoblauch schälen und fein hacken. Die Tomaten
waschen und halbieren.

2 Das Mehl in einer Schüssel mit Salz, Pfeffer, Paprikapulver und Koriander mischen. Die Eier trennen. Die
Eigelbe mit der Petersilie, dem Knoblauch und der Sahne
verquirlen, zum Mehl geben und alles verrühren.

3 Eiweiße mit dem Zitronensaft steif schlagen und auf
die Eigelbcreme geben. Etwa 2/3 der Käseraspel darüber
streuen und alles mit einem Schneebesen vermischen.

4 Die halbe Menge Öl in einer großen Pfanne erhitzen.
Die Hälfte des Teiges in die Pfanne gießen und bei
schwacher Hitze zugedeckt etwa 10 Minuten braten.
Den Pfannkuchen wenden, mit jeweils der Hälfte von
Tomaten und verbliebenen Käseraspeln belegen und in
der offenen Pfanne noch etwa 3 Minuten braten, bis er
an der Unterseite leicht gebräunt ist.

5 Den Pfannkuchen wie eine Torte in 4 Stücke teilen,
auf eine Servierplatte geben und im Backofen bei 50 °C
warm halten. Dann aus den restlichen Zutaten wie
beschrieben den zweiten Pfannkuchen backen.

Energie tanken
Das ist ein Essen zum Auftanken nach konzentrierten Arbeitsstunden, das wir
mittags am besten vertragen. Ein Schüsselchen Rohkost, ein Apfel, eine Birne
oder eine Handvoll Zwetschgen passen gut dazu – Obst geht mit Herzhaftem,
weil die Fruchtsäuren bei der Fettverdauung helfen.

Aufs Ganze sehen

Wissen
Im Käsepfannkuchen sind unterschiedliche Fettsäuren und eine gute Portion Energie enthalten, damit Sie bis zur nächsten Hauptmahlzeit satt sind. Und dafür ist dann ein leichter, fettarmer Snack genau die richtige Wahl.

Seit Jahren hat alles, was fett ist, einen ganz schlechten Ruf. Zu Unrecht, denn wir brauchen täglich Fett, sonst funktioniert unser Stoffwechsel nicht reibungslos. Mit Fett baut unser Körper neue Zellen, reguliert den Blutstrom und bildet Hormone. Ohne Fett können wir die wichtigen Vitamine A und E nicht verwerten, die ihrerseits unser Immunsystem stärken. Dass wir zu viel Fett und meist auch das falsche essen, stimmt zwar, steht aber auf einem anderen Blatt: Unsere Ernährungsgewohnheiten sind ja nur Folge des übermäßig großen Angebots an Nahrungsmitteln. Jedes Lebewesen futtert, was es kriegt, denn ein Speckgürtel sichert das Überleben in Notzeiten, und so sind auch wir Menschen programmiert. Nach dem Biorhythmus essen, heißt in westlichen Industriegesellschaften, überlegt auszuwählen, vernünftig zu konsumieren und selten zu schlemmen.

Gebackene Würztomaten

**Zutaten für
6 Portionen**

2 kg vollreife Tomaten

4 mittelgroße
Zwiebeln

8 Knoblauchzehen

4 Zweige Rosmarin
oder 8 Zweige
Thymian

2 mittelscharfe
rote Chilischoten

1 EL Salz

Frisch gemahlener
Pfeffer

8 EL Olivenöl

1 Die Tomaten waschen und in eine große ofenfeste
Form geben.

2 Die Zwiebeln und den Knoblauch schälen und grob
zerkleinern. Die Kräuter und die Chilischoten waschen.
Alles auf den Tomaten verteilen, Salz und Pfeffer darüber streuen und zum Schluss das Öl darüber träufeln.

3 Die Tomaten im vorgeheizten Backofen bei 200 °C
etwa 30 Minuten backen, bis sie weich und gebräunt
sind, dann herausnehmen und kurz abkühlen lassen.

4 Chilischoten und Kräuterzweige entfernen und die
Tomaten mit der Flüssigkeit in der Form pürieren. Dann
in kleine Schraubgläser füllen und nach dem Abkühlen
einfrieren. Zum Würzen von Suppen, Saucen, Quichebelag und Brotaufstrichen verwenden.

Gemüse für den Vorrat

**Zutaten für
6 Portionen**

3 kleine Fenchelknollen

2 mittelgroße Zucchini

6 Frühlingszwiebeln

6 Tomaten

1 Handvoll Petersilie

1 Handvoll Rosmarin-
oder Salbeizweige

6 mittelgroße Möhren

1 EL Salz

Frisch gemahlener
Pfeffer

Saft von 1 Zitrone

8 EL Olivenöl

1 Den Fenchel, die Zucchini, die Frühlingszwiebeln, die Tomaten und die Kräuter waschen und grob zerkleinern und dabei das Fenchelgrün und das Grün der Frühlingszwiebeln ebenfalls verwenden. Die Möhren schälen und in Stücke schneiden.

2 Das Gemüse in der Fettpfanne oder in einer großen ofenfesten Form verteilen und mit Salz und Pfeffer bestreuen. Dann mit dem Zitronensaft und dem Olivenöl beträufeln und im vorgeheizten Backofen bei 200 °C in etwa 40 Minuten weich backen.

3 Das Gemüse herausnehmen, in der Form einige Male durchmischen, dann in Tiefkühlboxen füllen und nach dem Abkühlen einfrieren. Für Antipasti bei Zimmertemperatur auftauen.

Makrelenbrote

**Zutaten für
4 Portionen**

3 EL weiche Butter

3 EL Zitronensaft

1 EL körniger Senf

Frisch gemahlener
Pfeffer

Salz nach Belieben

4 Scheiben Grahambrot
oder Roggenbrot

3 Makrelenfilets

4 Radieschen

1 dünne Frühlingszwiebel

1 Handvoll Dillspitzen

1 mittelgroßes Stück
Senfgurke

1 Die Butter mit 1 EL Zitronensaft, dem Senf, einer kräftigen Prise Pfeffer und wenig Salz verrühren und die Brotscheiben damit bestreichen.

2 Die Makrelenfilets mit einer Gabel in Stücke teilen und auf die Brote legen, dann mit dem restlichen Zitronensaft beträufeln und mit grob gemahlenem Pfeffer bestreuen.

3 Die Radieschen, die Frühlingszwiebel und den Dill waschen und trockentupfen. Die Radieschen in Scheiben und die Frühlingszwiebel mit dem saftigen Zwiebelgrün in Röllchen schneiden. Den Dill grob hacken und die Senfgurke in Streifen schneiden.

4 Alle zerkleinerten Zutaten auf die Brote verteilen, mit etwas Salz würzen und mit Pfeffer bestreuen.

Bunte Spießchen

Zutaten für 4 Portionen

12 Champignons

8 Cocktailtomaten

1 kleine Zucchini

1 gelbe Paprikaschote

1 rote Paprikaschote

2 kleine rote Zwiebeln

4 Zweige Thymian

1 Knoblauchzehe

5 EL Öl

2 EL Zitronensaft

Salz nach Belieben

Frisch gemahlener Pfeffer

1 Die Champignons und die Tomaten waschen und trockentupfen. Die Zucchini waschen, von den Stiel- und Blütenansätzen befreien und in fingerbreite Stücke schneiden. Die Paprikaschoten waschen, putzen und vierteln. Die Zwiebeln schälen und ebenfalls vierteln.

2 Für die Würzmischung den Thymian waschen und die Blättchen abzupfen. In eine große Schüssel geben und den geschälten Knoblauch durch die Presse dazudrücken. 2 EL Öl und den Zitronensaft unterrühren.

3 Pilze, Tomaten und Gemüse zur Würzmischung geben, mit zwei Löffeln vorsichtig mischen und 15 Minuten zugedeckt ziehen lassen. Dann abwechselnd auf vier Spieße stecken, mit Salz und Pfeffer würzen und in einer großen Pfanne mit dem restlichen heißen Öl bei mittlerer Hitze rundherum etwa 15 Minuten braten.

Rote-Bete-Nudeln

Zutaten für 4 Portionen

400 g gekochte Rote Beten

Für die Nudeln

1 TL Salz

4 mittelgroße Eier

500 g Pasta-Mehl Type 00 oder Weizen- mehl Type 405

Lauwarmes Wasser

Mehl für die Arbeitsfläche

2 Handvoll Rucola

Für die Sauce

1 kleine Zwiebel

1 Knoblauchzehe

1 EL Olivenöl

4 EL Balsamessig

Salz nach Belieben

Frisch gemahlener Pfeffer

1/4 TL gemahlener Koriander

100 g Schmand

100 g frisch geriebener Parmesankäse

1 Für die Nudeln 150 g Rote Beten abwiegen und zusammen mit Salz und Eiern mit dem Stabmixer pürieren. Das Mehl in eine Schüssel geben, das Püree hinzufügen und alles mit einem Kochlöffel vermischen.

2 Den Teig nun auf der bemehlten Arbeitsfläche etwa 5 Minuten kräftig durchkneten, bis er ganz glatt ist. Falls der Teig zu fest ist und nicht zusammenhält, teelöffel- weise lauwarmes Wasser zugeben. In Folie gewickelt bei Zimmertemperatur 30 Minuten ruhen lassen.

3 Den Teig in Portionen teilen und auf der bemehlten Arbeitsfläche zu dünnen Platten ausrollen, zu Nudeln schneiden und diese etwa 20 Minuten trocknen lassen.

4 Während die Nudeln trocknen, den Rest der Roten Beten für die Sauce würfeln. Zwiebel und Knoblauch schälen, fein zerkleinern und in einem Topf mit dem heißen Öl glasig braten.

5 Die Rote-Bete-Würfel zugeben und unter Rühren bei starker Hitze kräftig anbraten. Mit Balsamessig, Salz, Pfeffer und Koriander würzen, den Schmand untermi- schen und unter Rühren etwa 1 Minute kochen, dann die Sauce mit dem Stabmixer pürieren.

6 Die Nudeln in sprudelnd kochendem Salzwasser 2 bis 3 Minuten garen. Dabei die Rucola auf einen Schaum- löffel geben, kurz ins kochende Wasser halten und auf einem Teller beiseite stellen.

7 Die Nudeln abgießen, kurz abtropfen lassen und mit der Sauce vermischen. Auf vorgewärmten Tellern verteilen, die Rucola darauf anrichten und mit dem Parmesan bestreuen.

Tipp
Die Kartoffelcreme gelingt nur mit mehligen Knollen, die es ab Ende September zu kaufen gibt – oft unter der Bezeichnung »Püreekartoffeln«.

Gute Tradition

Früher war Kartoffelcreme mit saurer Sahne zu kräftigem Brot das Hopfen-zupfer-Essen zur Erntezeit auf den Feldern – nahrhaft, leicht zu transportieren und sehr preiswert. Damals hieß die Creme noch *Erdäpfelkas*: Erstens nach der Hauptzutat, denn Kartoffeln nennt man in Bayern und Österreich *Erdäpfel*. Zweitens nach der Konsistenz: Der Brotaufstrich sollte etwa so weich wie Frischkäse sein. In meiner Familie, die rein gar nichts mit Hopfen und dessen Zupfern zu tun hatte, war die Creme ein allseits beliebtes Abendessen zu Brot und grünem Salat. Vermutlich, weil meine Mutter im Grunde ihres Herzens

Vegetarierin war. Nur nannte man das damals einfach Sparsamkeit: In meiner Kindheit kannte man keine Massentier-haltung, und Fleisch gehörte deshalb ganz zu Recht noch zu den wirklich wertvollen und so teuren Lebensmit-teln, dass man es höchstens zweimal pro Woche aß. Zudem fand meine Mutter das typische Mischbrot-Butter-Wurst-Käse-Abendessen reichlich öde. Und als hervorragende Köchin, die sie war, ließ sie sich immer was besonders Schmackhaftes einfallen.

Kartoffelcreme-Brote

Zutaten für
4 Portionen

Für die Creme

500 g mehlige
Kartoffeln

Salz nach Belieben

Frisch gemahlener
weißer Pfeffer

3 EL Olivenöl

1 kleine Zwiebel

Je 2 Zweige Majoran
und Petersilie

1/2 TL abgeriebene
Bio-Zitronenschale

1 EL Crème fraîche

Etwa 150 g saure
Sahne

Für den Belag

3 kleine Zucchini mit
Blüten

1 Knoblauchzehe

2-3 Stücke getrock-
nete Tomaten in Öl

4 EL Öl der Tomaten

Salz nach Belieben

Außerdem

4 große Scheiben
Roggenbrot

Bunter Pfeffer und
Sesamsamen zum
Bestreuen

1 Für die Creme die Kartoffeln waschen und mit der Schale in wenig Wasser sehr weich kochen. Dann abgießen, kalt abschrecken, noch heiß schälen und mit einer Gabel fein zerdrücken oder durch die Kartoffelpresse drücken.

2 Die Kartoffeln in eine Schüssel geben, mit Salz, einer kräftigen Prise Pfeffer und 1 EL Öl mischen und gerade eben abkühlen lassen.

3 Die Zwiebel schälen, fein zerkleinern und in einer Pfanne mit dem restlichen Öl bei schwacher Hitze goldgelb und weich dünsten. Den Majoran und die Petersilie waschen, trockentupfen und sehr fein zerkleinern, dabei alle harten Stiele entfernen.

4 Die Zwiebelmischung einschließlich Bratöl zu den Kartoffeln geben, die Crème fraîche, die Kräuter und die Zitronenschale hinzufügen, alles vermischen und dabei so viel saure Sahne unterrühren, dass die Masse cremig ist.

5 Für den Belag die Zucchini waschen und abtrocknen, dann mit den Blüten fein zerkleinern. Den Knoblauch schälen und fein hacken. Die getrockneten Tomaten in Stücke schneiden.

6 Das Tomatenöl in einer Pfanne erhitzen und Zucchini mit Blüten, Knoblauch und Tomaten unter Rühren darin anbraten, bis die Zucchini knapp weich sind, dann mit Salz abschmecken.

7 Die Brotscheiben halbieren, im Toaster kräftig rösten und mit der Kartoffelcreme bestreichen. Die Zucchinimischung auf der Creme verteilen und mit buntem Pfeffer und Sesam bestreuen.

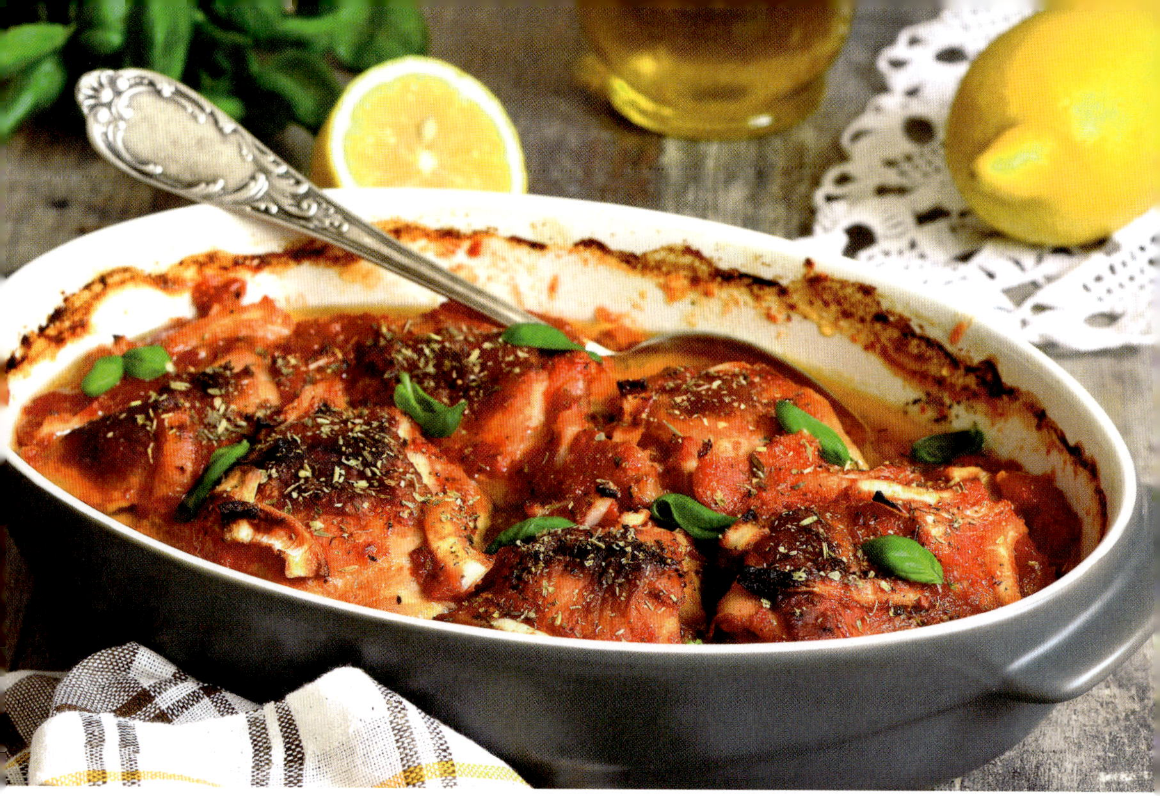

Hähnchen mit Tomaten

1 Für die Gewürzmischung den Thymian, etwa 1 TL Salz, Pfeffer und Zitronenschale auf einem Teller mischen. Das Hähnchen in 6 Stücke teilen, kalt abspülen, trockentupfen und in der Gewürzmischung wenden.

2 Die Zwiebel schälen und würfeln, den Sellerie waschen und in kleine Stücke schneiden, die Tomaten abziehen und achteln. Die Chilischote waschen, halbieren, von den Kernen befreien und grob zerkleinern.

3 Das Öl in einem großen Bräter erhitzen, die Hähnchenstücke darin rundherum braun anbraten, Zwiebel, Sellerie und Chili zugeben und kurz mitbraten. Tomaten untermischen, dann die Brühe zugießen. Alles einmal aufkochen und zugedeckt bei schwacher Hitze etwa 50 Minuten köcheln, bis das Fleisch gar ist.

Stampfkartoffeln ☀ ☽

**Zutaten für
4 Portionen**

500 g mehlige
Kartoffeln

Salz nach Belieben

125 ml Gemüsebrühe

1 Handvoll beliebige
gemischte Kräuter wie
Petersilie, Estragon,
Schnittlauch, Majoran

1 kleine Zwiebel

50 g Butter

1 EL Semmelbrösel

125 g Buttermilch

1 Die Kartoffeln schälen, waschen und würfeln. Mit
Salz und Brühe aufkochen und zugedeckt bei schwacher
Hitze in etwa 15 Minuten weich kochen.

2 Inzwischen die Kräuter waschen, trockentupfen,
fein zerkleinern und dabei harte Stiele entfernen.
Die Zwiebel schälen und fein würfeln.

3 Die Butter in einer kleinen Pfanne erhitzen und
die Zwiebel darin glasig braten. Die Kräuter und die
Semmelbrösel zugeben und alles bei mittlerer Hitze
unter Rühren schmoren, bis die Kräuter intensiv
grün sind.

4 Die weichen Kartoffeln in der noch verbliebenen
Brühe grob zerdrücken und dabei zuerst die Buttermilch
und dann die Kräutermischung unterrühren.

Ochsenschwanzragout ✳

**Zutaten für
4 Portionen**

1,2 kg Ochsenschwanz

Salz nach Belieben

Frisch gemahlener
schwarzer Pfeffer

1 kleine Zwiebel

1 Knoblauchzehe

3 EL Öl

1 EL Tomatenmark

1 TL Paprikapulver

Abgeriebene Schale
von 1/2 Bio-Zitrone

Saft von 1 Zitrone

4 Lorbeerblätter

500 ml Wasser

400 ml Orangensaft

1-2 EL Schmand

1 EL gehackte
Petersilie

Tipp
Ein Mittagessen für
schöne Tage mit viel Zeit
zum Kochen und Genießen.
Mittags ist die Herzenergie
am höchsten, und die lebhafte
Blutzirkulation kommt
unserer Verdauung
zugute.

1 Den Ochsenschwanz vom Metzger in etwa 4 Zenti-meter lange Stücke teilen lassen. Zu Hause mit Salz und Pfeffer würzen. Die Zwiebel und den Knoblauch schälen und fein hacken.

2 Das Öl in einem Bräter erhitzen. Die Ochsenschwanz-stücke darin bei starker bis mittlerer Hitze rundherum braun anbraten und wieder herausnehmen.

3 Nun Zwiebel, Knoblauch, Tomatenmark, Paprikapul-ver und Zitronenschale im Bratfett unter Rühren einige Sekunden anrösten und dann die Ochsenschwanzstü-cke wieder zugeben. Den Zitronensaft und die Lorbeer-blätter hinzufügen, die Hälfte von Wasser und Orangen-saft zugießen und den Bratfond damit lösen.

4 Den Bräter zugedeckt in den kalten Backofen stellen. Den Ofen auf 140 °C schalten und den Ochsenschwanz in etwa 4 Stunden weich schmoren. Dabei nach und nach den Rest von Wasser und Saft an den Seiten zugießen.

5 Den Ochsenschwanz aus der Schmorflüssigkeit nehmen und das Fleisch so heiß wie möglich von den Knochen lösen, dann ist die Ausbeute am höchsten und die Mühe am geringsten.

6 Den Bräter mit der Schmorflüssigkeit auf die Koch-stelle setzen und die Sauce bei starker Hitze unter Rühren dickflüssig einkochen lassen. Die Fleischstücke nun in der Sauce erhitzen und zum Schluss den Schmand untermischen. Das Ragout mit der Petersilie bestreut anrichten. Dazu schmecken Couscous, Spätzle oder Salzkartoffeln.

Nachhaltig handeln

Für das Ragout brauchen Sie fleischige Stücke vom oberen Teil des Ochsenschwanzes. Die unteren Teile mit wenig Fleisch und viel Knochen sind sehr preiswert, ergeben eine ausgezeichnete Brühe und sind Grundlage für edle Saucen.

Zur Ganzverwertung gehört, dass wir wieder lernen, alle verfügbaren Lebensmittel zu verwenden. In erster Linie gilt das natürlich für Fleisch: Sehen Sie sich einmal in der Fleischabteilung eines durchschnittlichen Supermarktes um. Da finden Sie Teilstücke von Hähnchen (→ Seite 153) und Pute, Schnitzel, Steak und Kotelett, Hackfleisch, Braten und Siedefleisch. Dass Tiere auch noch andere Körperteile haben, scheint man vergessen zu haben. Von meiner Freundin, einer Landwirtin mit eigenem Schlachthaus, weiß ich, dass sie die Innereien nicht in ihrem Hofladen verkaufen darf, sondern »entsorgen« lassen muss. Das heißt: Herz, Leber, Lunge, Zunge und Kutteln sieht der Verbraucher gar nicht mehr. Wie man einen Kalbskopf zubereitet oder dass man für eine richtige Sülze keine Gelatine, sondern Schweinefüßchen und Schwänzchen nimmt, wissen nur noch wenige.

Verschwendung stoppen

Ein Bruchteil dessen, was wir essen können, was gut schmeckt und obendrein richtig gesund ist, landet tatsächlich auf unseren Tellern. Der Rest wird entfernt. Seit die Frei-von-Welle rollt, nehmen industriell veränderte Nahrungsmittel stetig zu. Kompost und Biotonne verschaffen uns sogar das gute Gefühl, an die Umwelt zu denken, wenn wir den welken Salatkopf, die Blätter vom Kohlrabi und das Grüne vom Lauch *entsorgen*. Wie falsch wir damit liegen, belegen nüchterne Zahlen: Etwa 18 Millionen Tonnen Lebensmittel gehen in Deutschland jedes Jahr verloren, schätzt die Umweltstiftung des *World Wide Fund of Nature* (WWF). Dabei, so die Studie, könnte man die Verluste im Handel um etwa 90 Prozent verringern, die beim Endverbraucher um etwa 70 Prozent. Fangen wir also gleich damit an: durch die Verwertung des ganzen Lebensmittels.

Auch Wasser dürfen wir nicht verschwenden: Kochwasser von Salzkartoffeln, Nudeln und Reis enthält gelöste Nährstoffe und ist zum Wegschütten zu schade. Sie können Suppe damit kochen und den Teig von Pfannkuchen, herzhaften Kuchen, Brötchen und Brot damit zubereiten.

Blätter sind Gemüse

Feinschmecker kennen Radieschensuppe (→ Seite 80), die mit Knollen und Blättern erst so richtig aromatisch schmeckt. Wer sich mit Bioaktivstoffen auskennt, weiß, dass in den Blättern von Blumenkohl noch mehr Vitamine und Mineralstoffe stecken als in den Röschen. Und wer Gemüse selbst anbaut, verwendet von Roten Beten auch die Blätter, weil sie genau wie Mangold schmecken – schließlich sind die beiden eng miteinander verwandt. Sellerieblätter, ob von Knolle oder Stange, sind eine ausgezeichnete Suppenwürze. Auch das Grün von Möhren würzt die Suppe. Es muss nach dem Kochen aber entfernt werden, weil Möhrenblätter hart bleiben. Möhren und Sellerie brauchen Sie auch nicht zu schälen – gründlich waschen und dabei bürsten reicht. Direkt unter der Schale enthält Wurzelgemüse nämlich die meisten Aromastoffe und viele Vitamine. Das gilt auch für die grünen Blätter von Lauch und Frühlingszwiebeln, die man wie die weißen Teile verwendet. Bei Brokkoli sind junge Blätter und Stiele ein gutes Gemüse, bei Weißkohl und Rotkohl kann man die klein gewürfelten Strünke, bei Grünkohl die fein geschnittenen Stiele im Wok braten.

Frische – so wichtig wie Bio

Kein Lebensmittel ist gänzlich frei von Schadstoffen, denn auch Biolandwirte können nicht verhindern, dass Pestizide vom konventionell wirtschaftenden Nachbarhof auf ihre Felder wehen. Und während ich die zahlreichen Biolabels

Tipp
Lernen, nur so viel zu kaufen, wie man auch verbrauchen kann, damit kein Lebensmittel verdirbt – das ist unser Prinzip bei Ganzverwertung.

eher verwirrend finde, kann ich die Frische von Gemüse, Salat, Kräutern und Obst durchaus beurteilen. Deshalb kaufe ich so oft wie möglich bei Einzelhändlern, die sich um Qualität bemühen. Die Zahl der Direktvermarkter kann nur weiter zunehmen, wenn auch die Zahl ihrer Kunden steigt. Das schont die Umwelt, denn wenn der Marktstand leer gekauft ist, muss der Händler nichts entsorgen. Und wenn wir knackfrische Produkte nach Hause tragen, essen wir sie auch auf. Es ist diese lebendige Nahrung, die unseren Biorhythmus harmonisch schwingen lässt und unsere Gesundheit erhält.

Teilverwertung schadet

Fleisch als wertvolles Lebensmittel nur in Maßen zu konsumieren, ist für viele Menschen inzwischen selbstverständlich. Und wer verantwortungsvoll handeln will, besorgt sich Hälften oder Viertel vom Tier direkt beim Bio-Züchter, die küchenfertig zerlegt eingefroren werden. Da gibt es dann natürlich nicht nur Steak und Braten, sondern auch Schweinebauch und Ochsenschwanz (→ Seite 150). Wie wichtig die komplette Verwertung eines Tieres ist, möchte ich an einem Beispiel verdeutlichen: Hähnchenfleisch gilt als gesund, und wer auf seine Figur achtet, wählt magere Hähnchenbrust. Zur Grillsaison im Sommer sind dann Hähnchenschenkel gefragt. Doch alles, was wir nicht essen, wird häufig in Dritte-Welt-Länder exportiert. Das schadet den einheimischen Geflügelbauern, und Arbeitsplätze gehen dadurch verloren. Und weil Geflügelfleisch selbst bei Kühlung leicht verderblich ist, gefährden unsere Exporte nicht nur die Wirtschaft, sondern auch die Gesundheit der Menschen in der Dritten Welt. Fazit: Entweder verwerten wir das ganze Huhn, das wir aus artgerechter Tierhaltung geholt haben oder wir verzichten darauf.

Anregung
Wenn Lebensmittel zu Wegwerfartikeln verkommen und Getreide für den Tank mehr Geld einbringt als fürs Brot, müssen wir unsere Wertvorstellungen überdenken.

Erntesegen

Vorräte anlegen und Selbstgemachtes verschenken kommt wieder in Mode. Wir freuen uns über die frisch gekochte Marmelade im Regal und das Apfelchutney, das die Freundin zum Sommerfest mitbringt. In unserer natürlichen Biorhythmus-Küche sind es vor allem Äpfel, Birnen, Zwetschgen, Chilis, Tomaten und Kräuter, die in größeren Mengen eingekocht oder getrocknet in die Vorratskammer wandern. Bei Kirschen, Pfirsichen und Aprikosen ist die Ausbeute meist geringer, sodass sich nur Einfrieren lohnt. Gemüse machen Sie haltbar, indem Sie es einsalzen oder milchsauer einlegen.

Obst trocknen ...

… ist in unseren Breiten nur an heißen Sommertagen sinnvoll: Wie beim Einkochen brauchen Sie Früchte ohne Maden und Faulstellen, Druckstellen dagegen können Sie wegschneiden. Das Obst wie gewohnt waschen und abtrocknen. Zwetschgen werden am besten entsteint, denn aus Dörrpflaumen den Stein zu entfernen, macht zu viel Mühe. Überdies trocknen halbierte Früchte rascher, weil die Oberfläche größer ist und deshalb der Saft schneller

Zucchini, Bohnenkerne und Chilischoten trocknen lohnt ebenfalls, während man grüne Bohnen und ausgepalte Erbsen roh einfriert, Tomaten und gemischtes Gemüse schmort (→ Seite 141) und dann einfriert oder einkocht.

verdunstet. Bei Äpfeln entfernen Sie das Kerngehäuse mit einem Ausstecher. Die Früchte dann in etwa fingerdicke Scheiben schneiden.

Birnen werden ebenfalls halbiert, denn nur Sorten mit kleinen Früchten eignen sich zum Trocknen: Herbstbutterbirne, Rote Bergamotte, Gute Graue oder Kleiner Katzenkopf sind Traditionssorten, die es auf dem Land noch in manchen Obstgärten gibt. Legen Sie die vorbereiteten Früchte nebeneinander auf ein altes Betttuch aus Leinen in die pralle Sonne. Wenn Sie einen großen, luftigen Balkon besitzen – umso besser, dann kann die Luft zirkulieren. Sobald die Früchte schrumpelig sind, fädelt man sie auf eine Schnur und hängt sie in einen warmen, trockenen Raum, der gut gelüftet sein muss. Das vollkommen getrocknete Obst in Gläsern aufbewahren und regelmäßig kontrollieren, ob nichts schimmelt.

Kräuter trocknen

Dafür eignen sich Estragon, Oregano, Thymian, Rosmarin, Bohnenkraut, Majoran und Lavendel, denn bei all diesen Pflanzen verstärkt Trocknen noch das Aroma. Zum Trocknen schneiden Sie die Zweige der Kräuter ab, binden sie in kleinen Büscheln zusammen und hängen sie an einen hellen, luftigen Platz, jedoch nicht in die Sonne. Wenn Sie die

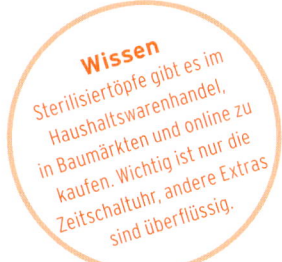

Samen gewinnen wollen, breiten Sie ein Tuch unter die Kräuterbüschel. Petersilie, Dill, Schnittlauch, Kerbel und Koriander packt man lieber frisch gepflückt in Schraubgläser und friert sie ein, denn getrocknet schmecken sie nur nach Heu. Zusätzlich sollten Sie einige Dill-, Gewürzfenchel- und Korianderpflänzchen blühen lassen: Getrocknet sind die ausgereiften Samen feine Würze.

Salzgemüse …

… ist Würze für Suppen und Saucen und einfacher herzustellen als milchsauer Eingelegtes: 1 kleinen geschälten Sellerie, 5 große gründlich gewaschene Möhren und 3 mittelgroße gewaschene, geputzte Lauchstangen in Stücke schneiden. 1 Zwiebel schälen, 3 Handvoll Petersilie mit möglichst langen Stielen waschen. Alle diese Zutaten entweder durch den Fleischwolf drehen oder portionsweise im Mixer fein zerkleinern. Das Püree nun in einer Schüssel mit so viel gutem Salz vermischen, dass Sie es pur nicht essen mögen, weil es kräftig versalzen ist. In saubere, heiß ausgespülte kleine Schraubgläser füllen, gut verschließen und kühl und dunkel aufbewahren. Wenn Sie damit würzen, brauchen Sie kein zusätzliches Salz.

Gemüse und Obst einkochen

Wenn Sie selbst Gemüse anbauen und Obst ernten oder auf Streuweisen sammeln, lohnt die Anschaffung eines Sterilisiertopfs. Die gefüllten Gläser werden nach Gebrauchsanweisung in den Topf gestellt und mit Wasser bedeckt. Gemüse kocht man bei 80 °C etwa 90 Minuten, Obst bei 90 °C je nach Zuckergehalt zwischen 30 und 40 Minuten ein.

Gären für den Vorrat

Durch Milchsäuregärung können Sie ohne Gefrierschrank und Einkochautomat für einen Vorrat an nährstoffreichem Gemüse sorgen; es ist eine der ältesten und vermutlich sogar die gesündeste Konservierungsart: Der Vitamin-C-Gehalt von frischem Gemüse nimmt beim Lagern nämlich noch zu, während er sich sonst sogar beim Einfrieren stetig verringert. Obwohl Sie fast jedes Gemüse milchsauer vergären können, sind Gurken und Sauerkraut am bekanntesten, weil diese Gemüse auch heutzutage immer in großen Mengen zur Verfügung stehen. Für selbst gemachtes Sauerkraut müssen Sie den Herbst abwarten, denn Frühweißkraut wird bei Milchsäuregärung oft matschig. Möglichst kleine Köpfe vom Herbst-Weißkohl eignen sich am besten, weil sie schön zart werden, während große Köpfe meist hart und faserig bleiben.

Wer zum ersten Mal milchsauer konserviert, beginnt am besten mit kleineren Mengen. Dann brauchen Sie auch keinen großen Gärtopf, sondern nur große Schraubgläser, deren Deckel Sie während der Gärungsphase lose auflegen und erst festschrauben, sobald das Gemüse fertig ist. Gut geeignet sind auch Zwei-Liter-Einmachgläser, die Sie mit angefeuchteter Einmachfolie bedecken und nach dem Gären zubinden.

Für die Gärung das Gemüse wie gewohnt waschen, putzen und fein schneiden: Je feiner es zerkleinert ist, desto mürber wird es später beim Gären. Weißkraut wird am besten gehobelt, Möhren werden geraspelt, während Sie Einlegegurken ganz lassen – sie bleiben dann knackiger. Nun pro 1 Kilo geschnittenes Gemüse etwa 1 Liter Wasser und 10 Gramm Salz aufkochen und wieder abkühlen lassen. Das Gemüse inzwischen in Gläser schichten, dann mit der Salzlösung übergießen, sodass es vollkommen bedeckt ist. Nun zuerst eine gute Woche bei Zimmertemperatur ruhen lassen, dann etwa sechs Wochen kühl und dunkel gären lassen. Während dieser Zeit klärt sich der trübe Sud von selbst, und das Gemüse ist tischfertig. Noch besser ist längeres Lagern, denn dabei verringert sich der Säuregehalt, und der Geschmack wird milder und harmonischer. Während der Gärung muss das Gemüse immer von Flüssigkeit bedeckt sein. Wichtig ist auch eine regelmäßige Geruchsprobe: Das Gemüse sollte so angenehm wie Sauerkraut riechen.

Spezielle Gärtöpfe aus Steingut von 10 und mehr Liter Inhalt bekommen Sie in Haushaltswarengeschäften, Bioläden und Online-Shops.

Selbst gemachtes Sauerkraut

Zutaten für
4 Gläser à 500 g

2 kleine Weißkohlköpfe
(je etwa 800 g)

2–3 große Möhren

Je 1 TL Wacholder-
beeren, Senfkörner,
Kümmelkörner
und schwarze
Pfefferkörner

2 l Wasser

20 g Salz

1 Von den Kohlköpfen 3 bis 4 äußere Blätter ablösen
und zum Abdecken beiseite legen. Den Kohl in eine
Schüssel hobeln und mit dem Kartoffelstampfer stamp-
fen, bis sich Saft bildet und der Kohl glasig aussieht.

2 Die Möhren waschen, grob raspeln und zum Kraut
geben. Das Gemüse wiegen und gegebenenfalls mit
Möhren auf 2 Kilo ergänzen. Die Gewürzkörner zugeben, alles mischen, in Gläser schichten und fest zusammendrücken.

3 Wasser und Salz aufkochen, bis sich das Salz gelöst
hat. Die Salzlösung abkühlen lassen, das Kraut damit
übergießen und mit den Kohlblättern abdecken. Die
Gläser ebenfalls abdecken und das Kraut 10 Tage bei
Zimmertemperatur ruhen und dann 6 Wochen kühl
und dunkel gären lassen, bis der Sud klar ist.

Birnenmarmelade

**Zutaten für
8 Gläser à 250 g**

1 kg reife, saftige
Birnen

100 ml Wasser

Saft von 1 Zitrone

1 Vanilleschote

1 Stück Bio-Zitronen-
schale

800 g Läuterzucker
(→ Kasten)

1/2 TL Zimtpulver

Tipp
Das Kerngehäuse der
Birnen enthält Pektin und
sorgt für das Gelieren der
Marmelade.

1 Die Birnen schälen und halbieren, in einen Bräter geben, das Wasser, den Zitronensaft, die Vanilleschote und die Zitronenschale hinzufügen.

2 Die Birnen zugedeckt im vorgeheizten Backofen bei 200 °C in etwa 40 Minuten ganz weich dünsten. Herausnehmen und mit der Vanilleschote und der Zitronenschale über Nacht in einem kühlen Raum stehen lassen.

3 Schote und Schale nun entfernen, die Birnen durch ein Sieb drücken und 1 Kilo von diesem Birnenmus mit dem Läuterzucker in einem Edelstahl- oder Kupfertopf verrühren.

4 Die Mischung unter ständigem Rühren aufkochen und bei schwacher bis schwächster Hitze 45 Minuten garen, sodass die Marmelade nun leise köchelt. Dabei sehr häufig umrühren, damit die Marmelade nicht am Topfboden anliegt und sich braune Schlieren bilden.

5 Zum Schluss das Zimtpulver unterrühren und die Marmelade kochend heiß in sauber gespülte Gläser füllen. Dann entweder mit Zellophan oder Twist-off-Deckeln verschließen.

Natürlich gut

Für Traditionsmarmelade nimmt man keinen Gelierzucker, sondern selbst gekochten Läuterzucker: 1 kg weißen Zucker mit 2 l Wasser in einen hohen Topf geben. Unter Rühren aufkochen und kochen lassen, bis die Zuckerlösung ganz klar ist. Zur Probe einen Tropfen davon auf einen Teller geben und lauwarm abkühlen lassen. Daumen und Zeigefinger zusammengelegt in den Zucker tauchen. Wenn Sie die Finger spreizen, soll der Zucker einen Faden bilden.

Scharfes Zwetschgenmus

**Zutaten für
8 Gläser à 250 g**

1 kg vollreife,
entsteinte Zwetschgen

2 EL Zitronensaft

2 EL Weinbrand

1/2 TL abgeriebene
Bio-Orangenschale

1/2 TL Chiliflocken

1/4 TL Lebkuchen-
gewürz

1 kg brauner Rohr-
oder Rübenzucker

1 Die Zwetschgen in kleine Stücke schneiden und in einen Bräter geben. Den Zitronensaft, den Weinbrand, die Orangenschale, die Chiliflocken und das Lebkuchengewürz hinzufügen und alles sehr gut vermischen.

2 Die Zwetschgenmischung gleichmäßig mit dem Zucker bestreuen, zugedeckt in den vorgeheizten Backofen schieben und bei 200 °C 30 Minuten garen.

3 Den Deckel entfernen, die Zwetschgen durchrühren und noch 2 Stunden bei 150 °C einkochen. Dabei die Ofentüre einen Spalt leicht öffnen (ein Holzstäbchen dazwischen klemmen), damit der Dampf entweicht.

4 Die Zwetschgen während des Einkochens immer wieder umrühren. Zum Schluss das kochend heiße Mus in saubere Twist-off-Gläser füllen und verschließen.

Vierkornbrot ☯ ✳ ☽

Tipp
Wenn Sie flüssigen Sauerteig verwenden – selbst gemacht oder fertig gekauft – brauchen Sie davon etwa 75 g.

**Zutaten für
30 Scheiben**

500 g Dinkelmehl
Type 630

300 g Roggen-
vollkornmehl

300 g Weizenmehl
Type 405

200 g Gersten-
vollkornmehl

26 g Salz

1 EL Trockenhefe

1/2 EL Sauerteigpulver

1/2 EL Backferment
(→ rechts)

Etwa 1 l Wasser

1 Alle Mehlsorten mit Salz, Hefe, Sauerteig und Back-ferment in einer Schüssel mischen, mit den Knethaken des Handrührgerätes durchrühren und dabei das Wasser zugeben. Den Teig zugedeckt 24 Stunden in einem kühlen Raum gehen lassen.

2 Den Teig in eine Brotbackform mit Deckel geben und zugedeckt bei Zimmertemperatur weitere 30 Minuten ruhen lassen.

3 In den Backofen drei ofenfeste Förmchen mit kaltem Wasser stellen. Das Brot zugedeckt in den kalten Back-ofen schieben. Den Ofen auf die höchste Temperatur-stufe schalten und das Brot 40 Minuten backen. Dann bei 200 °C noch 30 Minuten und bei 180 °C noch 20 bis 25 Minuten backen, bis es gebräunt ist. Im abgeschalte-ten Ofen noch 10 Minuten ruhen lassen.

Brot backen – was wichtig ist

Vorweg: Ein gutes Brot zu backen, ist ganz einfach und gar nicht zeitaufwendig. Doch Sie sollten ein wenig Muße haben, damit Sie sich an der Arbeit freuen können.

Selbst gebackenes Brot ist Balsam für die Seele – beim Mischen, Kneten und Backen ebenso wie beim Genießen. Denn gute Pilze und nützliche Bakterien, lauter lebende Organismen, sorgen dafür, dass es sich aufplustert, lockert und sein ganz eigenes, wundervolles Aroma entwickelt.

1 Die Salzmenge muss stimmen, sonst schmeckt das Brot fade: Pro 100 g Mehl rechnet man 2 g Salz. Kerne oder Samen spielen bei der Berechnung keine Rolle.

2 Die Menge der Flüssigkeit richtet sich danach, ob Sie das Brot in der Form oder geformt auf dem Blech backen wollen. Brot in der Form braucht 70 bis 80 ml pro 100 g Mehl, bei geformtem Brot reichen etwa 60 ml.

3 Während des Backens muss es feucht sein, damit das Brot nicht sofort eine Kruste bildet, sondern aufgeht und saftig bleibt: Deshalb stellt man Förmchen mit Wasser in den Ofen.

4 Die abgestufte Temperatur sorgt ebenfalls für lockeres Brot: Beim Aufheizen im kalten Ofen geht der Teig noch weiter auf, und durch die allmähliche Verringerung der Hitze kann das Brot durchbacken, ohne eine zu harte Kruste zu bilden und zu dunkel zu werden.

Natürlich gut

Backferment bekommen Sie im Reformhaus oder Naturkostladen. Das Treibmittel aus Honig, Erbsen, Weizen und Mais eignet sich für Brotteig und jeden süßen und herzhaften Teig, den man gewöhnlich mit Hefe oder Backpulver zubereitet. In der Gebrauchsanleitung, die der Dose beiliegt, ist genau beschrieben, wie Sie den Grundansatz zubereiten. Es funktioniert nach demselben Prinzip wie Sauerteig. Doch das Anrühren und Gären dauert mir oft zu lang, deshalb mische ich das trockene Granulat genau wie Trockenhefe mit den anderen Zutaten und lasse den Teig einfach über Nacht je nach Rezept in einem kühlen Raum oder bei Zimmertemperatur ruhen.

Schoko-Birnen-Kuchen

**Zutaten für
12 Stücke**

100 g Edelbitter-
Schokolade mit Chili

1/2 Vanilleschote

1/2 TL Zimtpulver

1 große Msp.
Nelkenpulver

1 Prise geriebene
Muskatnuss

100 g Mehl

50 g Speisestärke

2 TL Weinstein-
Backpulver

4 Eier

100 g Butter

75 g brauner Rohr-
oder Rübenzucker

1 TL abgeriebene
Bio-Zitronenschale

200 g Magerquark

4 große reife Birnen

1 EL brauner Rohr-
oder Rübenzucker
zum Bestreuen

1 Die Schokolade fein reiben und in eine Schüssel geben. Die Vanilleschote mit einem spitzen Messer der Länge nach aufschneiden, das Mark herauskratzen und zur Schokolade geben. Den Zimt, das Nelkenpulver und die Muskatnuss hinzufügen, dann das Mehl, die Speisestärke und das Backpulver zugeben und alles mischen.

2 Die Eier trennen und die Eiweiße steif schlagen. Die Butter mit Zucker und Zitronenschale cremig rühren, die Eigelbe und den Quark unterrühren und den Eischnee auf den Teig geben. Die Schokoladenmischung über den Eischnee sieben und alles mit einem Teigschaber mischen.

3 Eine Springform von 28 cm Durchmesser mit Backpapier bespannen und den Teig darin glatt streichen. Die Birnen halbieren, schälen, vom Kerngehäuse befreien und auf den Teig legen.

4 Den Kuchen im vorgeheizten Backofen bei 180 °C 45 Minuten backen. Den Kuchen nun mit Zucker bestreuen und weitere 20 bis 30 Minuten backen.

5 Dann herausnehmen und in der Form auf einem Kuchengitter abkühlen lassen. Sobald der Kuchen ganz abgekühlt ist, auf eine Kuchenplatte schieben und dabei das Backpapier entfernen.

Wissen
Ein Kuchen für den späten Nachmittag, wenn Sie endlich abschalten können: Die Gewürze darin sorgen genau wie Schokolade für wohlige Entspannung.

Tipp

Mit Obstsalat anstelle von Schlagsahne oder Eiscreme ist der Kuchen besonders gut verträglich, weil Fruchtsäuren Fett neutralisieren.

Schöne Feste im Herbst

Erntebräuche begleiten den Abschluss des bäuerlichen Jahres, und wer wie ich auf dem Land lebt, erlebt tatsächlich die Wende von der Sommer- zur Winterzeit: Am Michaelstag, dem 29. September, läuten die Glocken in vielen Dörfern wieder eine Stunde früher, bis im März das neue Arbeitsjahr beginnt. Auf den Feldern werden noch Kartoffeln, Rüben und Kraut geerntet. Die Frauen kümmern sich um Gemüse- und Obstgarten, kochen Kompott, Mus, Saft und Marmelade, denn diese Art der Vorratshaltung liegt wieder im Trend.

Früher mussten die Menschen wesentlich härter arbeiten und waren den ganzen Winter über beschäftigt, z. B. mit Spinnen und Dreschen, mit dem Flachs, der zum Weben vorbereitet wurde. Doch vorher, wenn Ende August das Getreide eingefahren war, feierte man ausgiebig: In katholischen Kirchen schmücken die Frauen auch heutzutage noch Erntedank-Altäre: Sie arrangieren Gemüse und Obst mit Blumen und Bändern zu bunten Bildern, flechten Getreideähren zu Kränzen und Kronen. Noch vor wenigen Jahrzehnten hat der Vorarbeiter eines großen Guts nach Abschluss der Feldarbeit eine solche

> **Spätherbst ist die Zeit der Besinnung und des Dankes für ein reiches Jahr. Viele Bräuche erinnern noch daran, dass man einst hart für den Wintervorrat arbeiten musste.**

Erntekrone feierlich dem Hofbesitzer überreicht.

Zu Erntedank, Kirchweih und Martini darf man dann richtig schlemmen. Das typische Essen an diesen Feiertagen ist opulent, war es doch einst für Schwerstarbeiter bestimmt: Außer Gans- oder Entenbraten mit Klößen kamen Leberknödelsuppe, Schweinerollbraten, Brathähnchen, gebackener Fisch, Kartoffelsalat und andere Salate auf den Tisch. Zum Kaffee am Nachmittag gab es Schmalzgebäck, Zwetschgendatschi und Apfelkuchen. In der Oberpfalz gehört der Kirchweihblatz noch immer zum Fest: Käsekuchen aus Hefeteig und einem Belag aus Grießbrei, Quark, Eiern, Butter, Rosinen, Mandeln und tüchtig Zucker.

Martins-Bräuche

In den dunklen Monaten brauchen wir mehr Licht, und darin liegt der tiefere Grund für Adventskranz und Christbaum, für Lichterfeste wie Sankt Martin am 11. November und Lichtmess am 2. Februar (→ Seite 213). Martini an der Schwelle vom Herbst zum Winter ist vor allem ein Fest der Kinder: Sie ziehen mit selbst gebastelten Laternen durch die Straßen, und bei großen Umzügen führt der heilige Martin mit Umhang, Helm und Schwert den Umzug an. Voraus geht oft auch ein Trompeter, der

die Melodie vorgibt, und die Kleinen singen aus voller Kehle eines der Lieder mit, die sie eingeübt haben: »Ich geh mit meiner Laterne …«

Zu Hause gibt es typisches Martinsgebäck: Mal wird fester Rührteig einfach zu Hörnchen geformt, mal knetet man Mürbeteig, füllt Teigstücke mit Pflaumenmus, rollt sie auf und biegt sie zu Hörnchen. Auch aus Hefeteig mit Rosinen und Mandeln werden sie gebacken; die ganz feinen Erfurter Hörnchen bestehen aus duftigem Blätterteig mit Marzipanfüllung. Und in Bayern bekamen die Kinder zu Sankt Martin Lebkuchen in Form eines Ritters geschenkt.

Der Brauch, an Sankt Martin Gänsebraten zu essen, stammt vermutlich aus Frankreich: Martin, Abt des von ihm gegründeten Klosters Ligugé, wollte sich nicht zum Bischof von Tours wählen lassen. So versteckte er sich in einem Gänsestall, doch die Tiere verrieten ihn durch ihr Geschnatter.

Die Gans als typisches Herbstessen kommt von den Zinszahlungen der unfreien Bauern an ihren Grundherren. Sobald die Leibeigenschaft aufgehoben und die Abgaben in barer Münze entrichtet wurden, hat man das Federvieh selbst gegessen, anstatt es beim Baron auf der Burg abzuliefern.

Zwetschgennudeln

Zutaten für
24 Stück

Für den Teig

500 g Mehl

1 Prise Salz

1 Würfel frische Hefe

2 EL Zucker

300 ml lauwarme
Milch

1 Eigelb

Für die Füllung

24 Zwetschgen
(etwa 450 g)

40 g kalte Butter

70 g Zimtzucker

2 EL flüssige Butter
zum Bestreichen

Tipp
Zwetschgennudeln sind nach einer leichten Suppe oder einem Salat Hauptgericht für alle. Lunch sind sie speziell für »Lerchen«, die einen Energieschub brauchen.

1 Das Mehl mit dem Salz in einer Schüssel mischen, in die Mitte eine Mulde drücken und die Hefe in die Mulde krümeln. Den Zucker und 6 EL Milch über die Hefe geben und die Hefe damit sowie mit etwas Mehl vom Rand zu einem Brei verrühren. Den Vorteig zugedeckt bei Zimmertemperatur 15 Minuten ruhen lassen, bis sich Blasen gebildet haben.

2 Nach der Ruhezeit den Vorteig mit dem gesamten Mehl verrühren. Das Eigelb und die restliche Milch zugeben und alles mit den Knethaken des Handrührgerätes etwa 5 Minuten durchrühren, bis sich der Teig vom Schüsselrand löst. Den Teig zugedeckt an einem warmen Ort 1 Stunde ruhen lassen, bis er sein Volumen verdoppelt hat.

3 Inzwischen die Zwetschgen waschen, halbieren und entsteinen. Die kalte Butter in 24 Stückchen schneiden.

4 Den Teig auf der bemehlten Arbeitsfläche zu einer Rolle formen und in 24 Stücke teilen. Jedes Stück zu einem Fladen auseinanderdrücken und mit 1 Zwetschge belegen. Auf die Zwetschge ein Butterstückchen und 1 TL Zimtzucker geben und dann den Teig über der Zwetschge zu einer »Nudel« zusammendrücken.

5 Die Zwetschgennudeln jeweils mit dieser Nahtstelle nach unten dicht nebeneinander in eine gefettete Backform von 28 cm Durchmesser legen und zugedeckt 15 Minuten ruhen lassen.

6 Dann mit flüssiger Butter bestreichen und im vorgeheizten Backrohr bei 200 °C etwa 30 Minuten backen. Die Zwetschgennudeln herausnehmen, mit der verbliebenen Butter bestreichen und gerade eben abgekühlt servieren.

Ganz im Biorhythmus

Fast alle Menschen mögen Obst, und die Gründe dafür reichen weit in unsere Vorgeschichte zurück: Erstens speichert es eine Menge Wasser, und weil unsere Ahnen während ihrer langen Fußmärsche ja keine Wasserflasche zur Hand hatten, sind Früchte seit Urzeiten Durstlöscher Nummer eins. Zweitens stillt Obst unseren Hunger nach Süßem, weil es reichlich Zucker enthält. Und die süße Lust ist weder Gier noch Sünde, sondern ganz einfach ein Signal unseres Körpers, dass er rasche Energiezufuhr braucht. Drittens fördern Fruchtsäuren den Stoffwechsel, indem sie Fett gewissermaßen *entschärfen*, Enzyme für die Eiweißverdauung bereitstellen und die Verdauung auf sanfte Weise in Schwung halten. Die östliche Heilkunde empfiehlt frisches Obst, um den Organismus zu kühlen, denn es baut Körpersäfte auf, die unser Inneres befeuchten, wie es so treffend heißt.

Apfelkuchen mit Mandeln

Zutaten für 12 Stücke

Für den Teig

200 g Mehl

50 g Zucker

1 Prise Salz

1/4 TL abgeriebene Bio-Zitronenschale

100 g Butter

1 Eigelb

3-4 EL Apfelsaft

Für den Belag

5 große säuerliche Äpfel

1 EL Zitronensaft

2 EL Apfelsaft

2 EL Honig

2 EL weiche Butter

1/2 TL Lebkuchengewürz

100 g ganze Mandeln

100 g Pfirsichmarmelade

1 Eiweiß

Tipp
Der richtige Kuchen für einen Herbstnachmittag, wenn Sie nur abschalten und genießen wollen: Die saftigen Herbstäpfel entwickeln mit Butter und Honig ein köstliches Aroma.

1 Für den Teig das Mehl mit dem Zucker, dem Salz und der Zitronenschale in einer Schüssel mischen. Die Butter in kleine Stücke teilen und auf das Mehl legen, das Eigelb und den Apfelsaft darüber verteilen. Nun alles mit den Knethaken des Handrührgerätes zu einem glatten Teig verkneten.

2 Den Teig zu einem Kloß formen und in eine gefettete Backform von 28 cm Durchmesser legen. Mit dem Handballen flach drücken und mit den Fingerspitzen so auseinanderdrücken, dass er den Boden der Form bedeckt. Zum Schluss einen etwa 2 cm breiten Rand hochziehen. Den Teig mit einer Gabel mehrmals einstechen und 1 Stunde kühlen.

3 Inzwischen für den Belag die Äpfel waschen oder schälen, vierteln, vom Kerngehäuse befreien und in Spalten schneiden. Etwa 1/3 der Äpfel in einen Topf geben, den Zitronensaft, den Apfelsaft, den Honig und 1 EL Butter hinzufügen. Die Äpfel aufkochen und zugedeckt bei mittlerer Hitze zu Mus kochen. Mit dem Lebkuchengewürz abschmecken und abkühlen lassen.

4 Etwa die Hälfte der Mandeln grob hacken. Die restliche Butter in einer kleinen Pfanne erhitzen, die gehackten und die ganzen Mandeln darin bei mittlerer Hitze unter Rühren anrösten. In ein Schälchen geben und mit der Pfirsichmarmelade mischen.

5 Das Eiweiß mit einer Gabel verquirlen und auf dem Teigboden verstreichen. Dann das Apfelmus darauf glatt streichen und mit den Apfelspalten belegen. Die Mandeln mit der Pfirsichmarmelade darauf verteilen und den Kuchen im vorgeheizten Backofen bei 200 °C etwa 35 Minuten backen.

Winter

Schnee im Dezember
deutet auf ein gutes Jahr ...

Bauernregel

Wintergenuss

Sobald die Tage spürbar kürzer werden, ändern sich unsere Bedürfnisse. Der Stoffwechsel ist abgesenkt, der Biorhythmus stellt sich auf das begrenzte Lichtangebot ein und macht das Beste daraus: Plötzlich mögen wir wieder Kerzenschein und Behaglichkeit, essen lieber dicke Suppe als kühlen Salat und verbringen mehr Abende zu Hause. Doch an einem sonnigen Wintertag, wenn der Raureif glitzert und die Natur in ein kühles Kunstwerk mit filigranen Formen und sanften Farben verwandelt, regen sich unsere Lebensgeister: Wir wollen hinaus ins Freie, wollen Licht, Luft und Sonne tanken. Profan gesprochen: Unser Organismus gibt das Signal, dass es Zeit für die Vitamin-D-Produktion ist.

Alte Bräuche erleben

Zum Wintervergnügen gehören heutzutage Weihnachtsmärkte und Lichterumzüge, Schneewanderungen und Freiluftkonzerte, und das hängt nicht nur mit unserem gesteigerten Gesundheitsbewusstsein zusammen – es ist auch ganz echte Tradition. Die meisten alten Bräuche rund ums schönste Fest des Jahres sind nämlich schon immer regelrechte Events in der freien Natur gewesen: Die Perchten laufen, die Klausen lärmen, Schützen schießen dem Neugeborenen am Heiligen Abend mit Böllern Salut, und eines der bekanntesten Weihnachtsgedichte erzählt vom Christkind, das sich seinen Weg durch den verschneiten Wald bahnt, »das Mützchen voll Schnee, mit rotgefrorenem Näschen«.

Plätzchenbacken

In meiner Kindheit stand pünktlich zu Kathrein am 25. November alles bereit für die Weihnachtsbäckerei, und für mich als kleines Mädchen begann eine wunderbare Zeit. Ich durfte Mandeln abziehen, Kekse ausstechen und die Vanillekipferl im Zucker wälzen, wobei ich mir regelmäßig die Finger verbrannte: »Ganz heiß müssen sie sein, sonst bleibt der Zucker nicht dran«, erklärte meine Großmutter, nach deren Rezepten ich noch heute backe. Mürbes Buttergebäck wie Heidesand, Engelsaugen oder Spritzgebäck sind übrigens erst im 19. Jahrhundert »erfunden« worden, während Honigkuchen, Spekulatius, Marzipan und Eischneegebäck wie Makronen oder Springerle teilweise noch aus dem Mittelalter stammen.

Christbaum holen

Was früher zumindest auf dem Land ganz selbstverständlich war, lieben wir jetzt wieder als schöne Einstimmung auf die Weihnachtszeit: den Christbaum selbst schlagen. Im Internet finden Sie Adressen von Anbietern, die ihre Plantagen für Besucher öffnen und auch zu heißer Suppe und Glühwein einladen. Noch gemütlicher finde ich, wenn man selbst für den Proviant sorgt und im Wald ein Winterpicknick macht – Kinder sind davon natürlich hellauf begeistert. Sie sammeln Moos und Zweige, bizarre Wurzeln und schöne Gräser fürs norddeutsche Paradiesgärtlein oder die süddeutsche Weihnachtskrippe. Ihr Picknickkorb sollte gut bestückt sein, denn frische Luft macht hungrig. Vergessen Sie Heißes in Thermoskannen nicht: Kakao zum Aufwärmen und Früchtetee gegen den Durst. Dazu gibt's ein dickes Stück herzhaften Rosenkohlkuchen (→ Seite 184) oder süßen Adventskuchen (→ Seite 209). Gern auch beides!

Gutes aus der Nähe

Bei der Biorhythmus-Küche richtet man sich grundsätzlich nach dem regionalen Angebot der Jahreszeit: Gemüse, das unter der Erde wächst, gehört seit jeher zur winterlichen Küche. Früher hat man Rote Beten, Möhren und Sellerie in die Miete gelegt, also in Kisten mit Sand oder Erde eingelagert. Genau wie Lauch, Rosenkohl und Grünkohl blei-ben auch Pastinaken und Topinambur im Beet und können frisch geerntet werden, solange der Boden nicht gefroren ist. Schwarzwurzeln sind fast schon ein vergessenes Gemüse – greifen Sie zu, falls Sie es beim Gemüsehändler oder Biobauern entdecken, denn die dicken Wurzeln schmecken köstlich nach Nüssen und sind obendrein sehr gesund.

Warme Füße ...

... bekommen Sie ganz automatisch, wenn Ihr Biorhythmus stimmt. Mit dem richtigen Essen und Trinken entzünden Sie ein sanftes Feuer im Körper, das die Mitte stärkt, die Abwehr stabilisiert und so den Einklang von Körper, Geist und Seele herstellt.

Tipp
Für die tägliche Portion Fett nehmen wir am besten gutes Pflanzenöl, frische Nüsse und echte Qualitäts-Butter vom Bauernmarkt.

Ob Meerrettich noch reichlich gesunde Senföle enthält, merken Sie beim Reiben: Wenn er Ihnen die Tränen in die Augen treibt und in der Nase beißt, ist er wirklich frisch!

Sanfte Ernährung

Als Energielieferant Nummer 1 heizt Fett uns ordentlich ein. Deshalb ist die traditionelle Winterküche auch so üppig: Denken Sie nur an Grünkohl mit dicker Wurst oder Eisbein mit Sauerkraut. Früher war das auch sinnvoll, denn die Menschen mussten schuften, die Wohnungen waren eher klamm. Doch heutzutage brauchen wir kein deftiges Essen mehr, und winterliche Gerichte können leicht sein und trotzdem wärmen: Probieren Sie zum Frühstück mal heißen Zwieback (→ Seite 206) oder einfach Porridge mit heißem Apfelkompott. Gewürze wie Zimt, Nelken und Piment passen zu Kartoffeln, magerem Fleisch und Hülsenfrüchten: Linsenbällchen mit Dip (→ Seite 186) sind schön chilischarf, zur Gemüsesuppe (→ Seite 179) gehört außer saurer Sahne noch frisch geriebener Meerrettich. Kräftiges Ochsenschwanzragout (→ Seite 150) ist ideal für kalte Tage, weil geschmortes Fleisch für Wärme von innen sorgt.

Lauchsuppe mit Speck ✴ *

**Zutaten für
4 Portionen**

2 mittelgroße mehlige
Kartoffeln

1 Knoblauchzehe

4 mitteldicke Stangen
Lauch

1 EL Butter

600 ml Gemüsebrühe

100 g Crème fraîche

1 EL Zitronensaft

Salz nach Belieben

Frisch gemahlener
weißer Pfeffer

1 gute Prise geriebene
Muskatnuss

1 große Msp. gemahle-
ner Koriander

4 dünne Scheiben
durchwachsener Speck

1 Die Kartoffeln schälen, waschen und sehr klein würfeln. Den Knoblauch schälen und fein zerkleinern. Den Lauch von den Wurzelansätzen und den welken äußeren Blättern befreien. Die Stangen der Länge nach halbieren, waschen und dann in knapp fingerbreite Stücke schneiden.

2 Die Butter in einem Kochtopf erhitzen. Zuerst Kartoffeln und Knoblauch darin bei mittlerer Hitze unter Rühren anbraten und dann zugedeckt etwa 5 Minuten dünsten. Den Lauch zugeben und ebenfalls unter Rühren anbraten.

3 Die Brühe zugießen und aufkochen. Die Suppe nun zugedeckt bei mittlerer Hitze etwa 10 Minuten garen, bis die Kartoffeln weich sind. Die Suppe mit dem Stabmixer durchrühren, aber nicht pürieren.

4 Die Crème fraîche untermischen und die Suppe noch einmal erhitzen, aber nicht mehr aufkochen. Dann mit Zitronensaft, Salz, Pfeffer, Muskat und Koriander abschmecken.

5 Während die Suppe kocht, die Speckscheiben ziehharmonikaförmig auf Holzspießchen stecken, in einer Pfanne ohne weitere Fettzugabe nur glasig oder knusprig braten und zu den Suppenportionen servieren.

* Zur Bedeutung der Symbole → Seite 13

Balance halten

Wenn es draußen feucht und kalt ist, hilft Suppe besser als heißer Tee: Pfeffer, Muskat und Koriander wärmen von innen, Gemüsebrühe gleicht Mineralstoffmangel aus, der uns müde und unlustig macht. Wenn Sie noch mehr Wärme brauchen, schmecken Sie die Suppe schärfer ab: mit ein paar Tropfen Chiliöl, etwas Sambal oelek oder ein paar fein geschnittenen Ingwerstreifen.

Natürlich gut

Suppe aus Knochen? Schmeckt das denn, werden Sie vielleicht fragen. Natürlich, denn bei Brühe geht es ja nur darum, Wasser in eine aromatische Flüssigkeit zu verwandeln. Und dafür sind Knochen geradezu ideal: Sie entfalten beim Kochen nämlich weit mehr Geschmacksstoffe als Fleisch, das gebraten, geschmort und pochiert viel besser schmeckt als gekocht. Wer das

Erst seit wir im Überfluss leben, werden die Knochen von Schlachttieren industriell verwertet und vorwiegend zu Dünger verarbeitet.

Prinzip der Ganzverwertung beachtet, wirft auch die Knochen von Brathähnchen, Gänse- und Entenbraten nicht einfach weg, sondern kocht Geflügelbrühe damit (für die Zubereitung: → Punkt 1, *Gemüsesuppe mit Schinken*). Knochen gehören zur nachhaltigen Küche, denn man kann sie drei- bis viermal auskochen: Die abgekühlten Knochen einfrieren und für die neue Brühe mit zerkleinertem Wurzelgemüse und 2 l Wasser kochen.

Kein Wunder, dass man Knochen als nahrhaftes und preiswertes Lebensmittel früher so hoch geschätzt hat.

Gemüsesuppe mit Schinken

Zutaten für 4 Portionen

4 Suppenknochen

1 Lorbeerblatt

1 TL schwarze Pfefferkörner

Salz

1 1/2 l Wasser

2 kleine Rote Beten

250 g Knollensellerie

1 große Möhre

1 Stange Lauch

250 g Weißkohl

1 Scheibe gekochter Schinken (etwa 150 g)

1 EL Öl

2 EL Essig

Frisch gemahlener schwarzer Pfeffer

250 g saure Sahne

2–4 EL frisch geriebener Meerrettich

Tipp
Speck, Schmalz und Schinken von artgerecht gehaltenen Tieren dürfen Sie ruhig essen – in Maßen!

1 Die Suppenknochen, das Lorbeerblatt, die Pfefferkörner und 1 TL Salz in einen Kochtopf geben, das Wasser hinzugießen und alles aufkochen. Dann bei schwacher Hitze 2 Stunden sanft sieden, aber nicht kochen lassen: Die richtige Temperatur erkennen Sie daran, dass die Brühe ständig perlt, aber nicht blubbert. Während des Siedens einen Kochlöffel zwischen Topf und Deckel legen, sodass der Topf nicht ganz geschlossen ist.

2 Die Roten Beten, den Sellerie und die Möhre schälen, waschen und grob raspeln oder in feine Stifte schneiden. Den Lauch vom Wurzelansatz und den welken Blättern befreien, die Stange der Länge nach halbieren, waschen und dann in knapp fingerbreite Stücke schneiden. Den Weißkohl waschen und in feine Streifen schneiden.

3 Den Schinken würfeln und in einem großen Topf mit dem heißen Öl bei schwacher Hitze anbraten, aber nicht bräunen. Das zerkleinerte Gemüse hinzufügen und unter ständigem Wenden etwa 2 Minuten mitbraten. Dann 1 Schöpfkelle Brühe zugeben und das Gemüse zugedeckt bei mittlerer Hitze in etwa 10 Minuten bissfest dünsten.

4 Die Knochen aus der Brühe nehmen, die Brühe durch ein Sieb zum Gemüse gießen und noch einmal aufkochen. Die Suppe mit Essig, Salz und Pfeffer kräftig abschmecken. Die saure Sahne und den Meerrettich dazu servieren, bei Tisch auf die Suppenportionen setzen und unterrühren.

Wintergemüse-Törtchen

**Zutaten für
4 Portionen**

1 Stange Sellerie

1 kleine Pastinake

100 g braune
Champignons

1 kleine Zwiebel

6 EL Olivenöl

100 g Fetakäse

2 EL Crème fraîche

2 Eier

Salz nach Belieben

Cayennepfeffer

16 rechteckige
Yufka-Teigblätter

1 Das Gemüse waschen oder schälen, die Champignons putzen, kurz waschen, sehr gut trockentupfen, die Zwiebel schälen. Alles fein zerkleinern und in einer Pfanne mit 2 EL heißem Öl bei starker Hitze unter Rühren braten, bis die Flüssigkeit, die sich bildet, wieder verdampft ist.

2 Das Gemüse in eine Schüssel geben und etwas abkühlen lassen, dann den Feta fein zerbröckeln und untermischen. Die Crème fraîche und die Eier hinzufügen, alles mischen und zum Schluss mit Salz und Cayennepfeffer würzen.

3 8 Tortelettförmchen (10 cm Durchmesser) sehr gut fetten oder mit Backpapier auslegen. Die Yufka-Teigblätter auf einem Arbeitsbrett ausbreiten. Jedes Blatt mit etwas Olivenöl bestreichen und dann jeweils 2 Teigblätter aufeinanderlegen.

4 Die Gemüsemischung auf den Teigblättern verteilen, die Teigblätter aufrollen, schneckenförmig in die Förmchen legen und mit dem verbliebenen Öl bestreichen.

5 Die Törtchen im vorgeheizten Backofen bei 200 °C etwa 20 Minuten backen, bis sie schön gebräunt sind, heiß aus dem Ofen oder lauwarm abgekühlt servieren.

Natürlich gut

Pastinaken und Sellerie sind typisches Wintergemüse. Sellerie – als Stangen oder Knollen – wird oft mit Grün angeboten, doch Pastinaken mit Blättern bekommt man nur selten, weil viele Leute nicht wissen, dass man Pastinakengrün ebenfalls essen kann. Gemüseblätter schmecken meist sehr würzig (→ Seite 152), sind reich an Vitaminen und Mineralstoffen. Man verwendet sie genau wie Kräuter, muss sie allerdings fein schneiden.

Winterwurzel-Salat

**Zutaten für
4 Portionen**

2 kleine Rote Beten

2 kleine festkochende
Kartoffeln

4 Schwarzwurzeln

100 g Topinamburknollen

200 g Knollensellerie

2 EL Orangensaft

2 EL Essig

Salz nach Belieben

Frisch gemahlener
Pfeffer

2 EL Olivenöl

1 Rote Beten, Kartoffeln und Schwarzwurzeln waschen.
Alles in reichlich sprudelnd kochendem Wasser aufkochen und zugedeckt bei schwacher Hitze weich kochen:
Schwarzwurzeln und Kartoffeln nach etwa 20 Minuten
herausnehmen und kalt abschrecken, die Roten Beten
noch etwa 20 Minuten garen.

2 Währenddessen die Schwarzwurzeln und die
Kartoffeln schälen und kleine Würfel schneiden. Die
Topinamburknollen schälen, waschen und in Scheiben
schneiden. Den Sellerie schälen und raspeln.

3 Nun die Roten Beten abgießen, kalt abschrecken,
schälen, klein würfeln und mit allen anderen zerkleinerten Zutaten in eine Schüssel geben. Orangensaft, Essig,
Salz, Pfeffer und Öl zufügen und alles mischen.

Spinatklößchen

**Zutaten für
4 Portionen**

200 g tiefgefrorener
Spinat (nicht püriert)

150 g altbackenes
Weißbrot

1 Zwiebel

2 EL Olivenöl

2 Eier

50 ml Milch

1 EL Mehl

Salz nach Belieben

Frisch gemahlener
Pfeffer

Geriebene Muskatnuss

1 Den Spinat auftauen lassen, das Weißbrot in kleine
Würfel schneiden. Die geschälte Zwiebel fein zerkleinern und im heißen Öl bei schwacher Hitze andünsten.

2 Den Spinat zugeben und schmoren, bis die Flüssigkeit,
die sich bildet, wieder verdampft ist. Dann abkühlen
lassen und mit den Eiern pürieren. Das Püree mit Milch,
Mehl, Salz und Pfeffer zum Weißbrot geben, mit einem
Löffel mischen, dann mit dem Händen durchkneten und
etwa 15 Minuten zugedeckt ruhen lassen.

3 In einem großen Topf Wasser zum Kochen bringen.
Den Teig mit zwei Esslöffeln zu Klößchen formen, ins
kochende Wasser geben und 15 bis 20 Minuten sanft
sieden lassen. Die Spinatnocken mit einem Schaumlöffel
herausnehmen und nach Wunsch mit geriebenem
Parmesan und zerlassener Butter servieren.

Rosenkohlkuchen ☀

**Zutaten für
4 Portionen**

Für den Teig

200 g Mehl

1 Prise Salz

75 g Butter

100 ml kalte
Gemüsebrühe

Für den Belag

750 g Rosenkohl

1 Zwiebel

1 Knoblauchzehe

1 EL Olivenöl

125 ml Wasser

200 g Gorgonzolakäse

100 g Sahne

1 kleines Ei

1 EL Walnusskerne

Eventuell Salz

Tipp
Lunch für »Lerchen«:
Wer am Morgen früh munter
ist, mag spätestens um
11:00 Uhr etwas
Herzhaftes.

1 Die Butter schmelzen und dabei goldbraun werden lassen. Den Topf von der Kochstelle nehmen, die Butter lauwarm abkühlen lassen und dann die Gemüsebrühe zur Butter gießen.

2 Das Mehl mit dem Salz in einer Schüssel mischen. Butter-Brühe-Mischung zum Mehl geben, alles mit einem Kochlöffel vermischen und weiterrühren, bis der Teig glatt ist.

3 Den Teig in eine gefettete Springform von 26 cm Durchmesser geben, mit einem Löffelrücken auseinanderdrücken und einen etwa 2 cm hohen Rand hochziehen. Den Teigboden mit einer Gabel mehrmals einstechen und 1 Stunde kühlen.

4 Inzwischen den Rosenkohl putzen, waschen und auf einem Sieb abtropfen lassen. Die Zwiebel und den Knoblauch schälen, fein zerkleinern und im Olivenöl glasig braten. Den Rosenkohl zugeben und einige Male umrühren. Das Wasser zugießen, aufkochen und den Rosenkohl in etwa 10 Minuten knapp weich garen. Dann auf ein Sieb abgießen, die Brühe in einer Schüssel auffangen und Rosenkohl und Brühe abkühlen lassen.

5 Den Gorgonzola mit einer Gabel in kleine Stücke teilen und zur Brühe in die Schüssel geben. Die Sahne und das Ei zufügen, die Mischung kräftig mit Pfeffer und eventuell auch mit Salz würzen und alles verrühren.

6 Den Rosenkohl auf dem Teigboden verteilen, mit der Gorgonzolamischung übergießen und mit den Walnüssen bestreuen. Den Kuchen im vorgeheizten Backofen bei 200 °C etwa 40 Minuten backen. Lauwarm oder kalt mit Salat servieren.

Linsenbällchen zum Dippen

Zutaten für
4 Portionen

Für die Bällchen

200 g braune Linsen

100 g Weizen-
vollkornmehl

1/4 TL Salz

300 g Buttermilch

1 grüne Chilischote

1 kleine Zwiebel

1 Knoblauchzehe

1 Handvoll Petersilie

1 Ei

1 EL Olivenöl

Öl zum Backen

Für die Kürbiscreme

1 kleine Zwiebel

1 Stück Muskatkürbis
(etwa 400 g)

2 EL Öl

100 ml Gemüsebrühe

300 g Joghurt (10 %)

2 EL Zitronensaft

Salz nach Belieben

Frisch gemahlener
Pfeffer

1 Die Linsen im Blitzhacker so fein wie Mehl zerkleinern und in eine Schüssel geben. Das Weizenvollkorn-
mehl, das Salz und die Buttermilch hinzufügen, alles
verrühren und zugedeckt bei Zimmertemperatur
2 Stunden quellen lassen.

2 Inzwischen die Creme zubereiten: Dafür die Zwiebel
schälen und sehr fein zerkleinern. Den Kürbis schälen,
von Kernen und watteartigem Gewebe befreien und in
kleine Stücke schneiden.

3 Das Öl in einem Topf erhitzen und Zwiebel und Kürbis
darin anbraten. Nun die Brühe zugießen, einmal aufkochen und alles zugedeckt bei schwacher Hitze in etwa
30 Minuten sehr weich garen.

4 Den Kürbis mit dem Stabmixer pürieren und dabei
den Joghurt zugeben. Die Creme mit Zitronensaft, Salz
und Pfeffer würzen, in Portionsschälchen füllen und bis
zum Servieren zugedeckt kühlen.

5 Nach der Quellzeit für die Linsenbällchen die Chilischote halbieren, Trennwände und Kerne entfernen,
die Schote waschen und fein hacken. Die Zwiebel und
den Knoblauch schälen und fein zerkleinern. Die
Petersilie waschen, trockentupfen und ebenfalls fein
schneiden. Alle Zutaten im heißen Öl unter Rühren
braten, bis die Zwiebel glasig ist.

6 Die angebratenen Zutaten und das Ei unter den
Linsenteig rühren, dann mit angefeuchteten Händen
etwa tischtennisballgroße Kugeln formen und portionsweise in reichlich Öl etwa 3 Minuten frittieren. Mit
einem Schaumlöffel herausnehmen, auf Küchenpapier
abtropfen lassen und zur Kürbiscreme servieren.

Tief entspannen

Viele Menschen können abends nicht abschalten und deshalb auch nicht einschlafen. Schuld daran – so glauben Schlafforscher – tragen zum Teil Computer und Fernseher mit ihrem hohen Anteil an blauem Licht aus Leuchtdioden: Lichtrezeptoren im Auge, die unseren Biorhythmus an den 24-stündigen Wechsel von Tag und Nacht anpassen, reagieren nämlich besonders auf die Wellenlängen des blauen Lichts. Oft hat man auch zu viel Cortisol im Blut – vermutlich schütten wir das Stresshormon bei einem spannenden Action-Film oder konzentriertem Internet-Surfen aus. Gönnen Sie sich also eine Ruhepause vor dem Schlafengehen mit einer Tasse Kräutertee. Beruhigende Mischungen gibt es in vielen Varianten zu kaufen. Trinken Sie ihn in kleinen Schlucken, setzen Sie sich dabei bequem hin und lassen Sie beide Hände mit den Handflächen nach unten sanft auf Ihrem Bauch ruhen.

Ihr Atem sollte ganz ruhig fließen. Achten Sie auf richtiges Ausatmen, denn das befördert negative Energie buchstäblich aus dem Leib.

Schmandgemüse ☀

**Zutaten für
4 Portionen**

4 Herbstrüben

2 dünne Lauchstangen

2 EL Olivenöl

1 EL Orangensaft

2 EL Schmand

Salz nach Belieben

Frisch gemahlener
Pfeffer

1 Die Rüben schälen und in Scheiben schneiden.
Den Lauch waschen, von Wurzelansätzen und
welken Blättern befreien und mit dem Grün in Stücke
schneiden.

2 Das Öl in einer großen Pfanne erhitzen. Die Rüben
und den Lauch darin unter Wenden braten, bis alles
schön gebräunt und gerade eben weich ist. Den Orangensaft und den Schmand untermischen und das
Gemüse mit Salz und Pfeffer abschmecken.

Tipp
Mittags ist Gemüse gut
für den Biorhythmus, und
Kartoffelküchlein (→ Rezept
rechts) als Beilage verstärken
die positive Wirkung
noch.

Kartoffelküchlein ☀

**Zutaten für
4 Portionen**

800 g mehlige
Kartoffeln

1 Eigelb

Salz nach Belieben

Frisch gemahlener
weißer Pfeffer

Geriebene Muskatnuss

150 g Mehl

2 EL Öl

1 EL Butter

1 Die Kartoffeln waschen und ungeschält mit wenig
Wasser gerade eben weich kochen, dann abgießen, kalt
abschrecken, kurz ausdämpfen lassen und schälen. Nun
noch heiß zweimal durch die Kartoffelpresse drücken
oder mit einer Gabel ganz fein zerdrücken und in einer
flachen Schüssel lauwarm abkühlen lassen.

2 Eigelb, Salz und je eine Prise Pfeffer und Muskat zu
den Kartoffeln geben. Alles mit einer Gabel zu einem
Teig mischen und dabei nach und nach das Mehl
zufügen.

3 Das Öl und die Butter in einer großen beschichteten
Pfanne erhitzen. Pro Küchlein etwa 2 EL Kartoffelteig
ins heiße Fett geben, auseinanderdrücken und auf jeder
Seite etwa 4 Minuten backen. Die gebackenen Küchlein
bei 50 °C im Backofen bis zum Servieren warm halten.

Curry mit Kokosjoghurt ☀ ☽

Zutaten für 4 Portionen

Für das Curry

800 g vorwiegend festkochende Kartoffeln

2 mittelgroße Möhren

1 Stange Sellerie

2 Frühlingszwiebeln

1 rote Zwiebel

2 Knoblauchzehen

3 EL Erdnussöl

2 EL Currypulver

1 EL dicke Kokosmilch

250 ml Gemüsebrühe

Salz nach Belieben

Für den Joghurt

100 g Rahmfrischkäse

300 g Vollmilchjoghurt

100 g Kokoscreme

1 kleiner Apfel

1-2 TL Zitronensaft

Salz nach Belieben

Frisch gemahlener weißer Pfeffer

Tipp
Ein kräftiges vegetarisches Gemüse-Essen für mittags, wenn Sie Muße zum Kochen haben. Auch abends passt das Curry, weil es proteinreich ist.

1 Die Kartoffeln und die Möhren schälen, waschen und würfeln. Den Sellerie und die Frühlingszwiebeln waschen und trockentupfen, die Selleriestange in kleine Stücke und die Frühlingszwiebeln mit dem Zwiebelgrün in dünne Ringe schneiden. Die Sellerieblättchen fein zerkleinern. Die rote Zwiebel und den Knoblauch schälen, die Zwiebel halbieren und in feine Scheiben schneiden, den Knoblauch fein zerkleinern.

2 Das Öl in einem großen Topf erhitzen. Zuerst die Möhren darin unter Rühren goldbraun anbraten. Nun die Kartoffeln und den Sellerie zugeben und bei starker bis mittlerer Hitze 2 bis 3 Minuten anbraten. Jeweils die halbe Menge rote Zwiebeln und Frühlingszwiebeln sowie den Knoblauch zugeben und alles unter ständigem Rühren 5 Minuten braten.

3 Die beiden Sorten Currypulver mit der Kokosmilch und 6 EL kalter Brühe verrühren und untermischen. Nun den Rest der Brühe zugießen, aufkochen und das Curry zugedeckt bei mittlerer bis schwacher Hitze etwa 15 Minuten garen, bis die Kartoffeln weich sind; dabei zwischendurch einige Male umrühren.

4 Während das Curry gart, für den Kokosjoghurt den Rahmfrischkäse, den Joghurt und die Kokosmilch in ein hohes Gefäß geben. Den Apfel vierteln, schälen, vom Kerngehäuse befreien und in Stücke schneiden. Zur Joghurtmischung geben, den Zitronensaft hinzufügen und alles pürieren.

5 Das Curry mit Salz abschmecken, mit dem Rest der roten Zwiebeln und Frühlingszwiebeln mischen und den Joghurt dazu servieren.

Weißkohlschnitten

Zutaten für 4 Portionen

Für die Füllung

1 mittelgroßer Weißkohl (etwa 700 g)

1 kleine Zwiebel

2 EL Olivenöl

4 EL Gemüsebrühe

Salz nach Belieben

Frisch gemahlener Pfeffer

2 EL Zitronensaft

100 g geriebener Emmentaler Käse

Für den Teig

150 g Butter

1/2 TL Salz

1/2 TL abgeriebene Bio-Zitronenschale

Geriebene Muskatnuss

2 Eier

100 g Schmand

300 g Dinkelmehl Type 630

1 TL Weinstein-Backpulver

1 mittelgroße mehlige Kartoffel

Außerdem

1 Ei

3 EL Schmand

2-3 EL Sesamsamen

Fett für die Form

1 Für die Füllung den Weißkohl von welken Blättern befreien, vierteln, waschen und in Streifen hobeln. Die Zwiebel schälen, fein zerkleinern und im heißen Öl glasig braten.

2 Den Kohl hinzufügen und unter Rühren bei mittlerer Hitze etwa 2 Minuten dünsten, aber nicht bräunen. Die Brühe zugeben und den Kohl zugedeckt bei mittlerer Hitze in etwa 5 Minuten weich garen. Mit Salz, Pfeffer und Zitronensaft würzen und abkühlen lassen, dann mit dem Emmentaler mischen.

3 Für den Teig die weiche Butter mit Salz, Zitronenschale und Muskatnuss cremig rühren. Zuerst die Eier, dann den Schmand untermischen. Das Mehl mit dem Backpulver gemischt darüber streuen und alles miteinander verrühren. Nun die Kartoffel schälen, waschen, fein reiben und unter den Teig mischen.

4 Den Boden einer rechteckigen Backform von etwa 21 mal 27 cm mit Backpapier auslegen, den Rand der Form fetten. Die Hälfte des Teigs in der Form glatt streichen und die Weißkohlfüllung darauf verteilen. Den Rest des Teigs mit einem Löffel auf die Füllung geben und vorsichtig verstreichen.

5 Das Ei mit dem Schmand verrühren und den Kuchen damit bestreichen, mit den Sesamsamen bestreuen und im vorgeheizten Backofen bei 180 °C etwa 1 Stunde backen. Dann in Schnitten teilen und warm oder auch kalt servieren.

Tipp
Für »Lerchen« zum frühen Lunch, sonst als Mittag- und Abendessen gleichermaßen geeignet, weil die Schnitten reich an Gemüse und Eiweiß sind.

Schlemmen erlaubt!

Je größer das Fest, desto voller der Bauch, mag so mancher von uns stöhnen und sich besorgt fragen, ob die weihnachtliche Schlemmerei unseren Biorhythmus nicht gewaltig durcheinander bringt. Keine Bange: Gesunde Menschen dürfen es sich an diesen zwei oder drei Weihnachtstagen richtig schmecken lassen. Es war immer Brauch, an Feiertagen zu schlemmen – einerseits natürlich, weil sich am üppig gedeckten Tisch jeder satt essen konnte, was bis Mitte des 20. Jahrhunderts sogar in Europa für viele Menschen nicht selbstverständlich war. Bedeutsam ist auch der Glaube, dass man geradezu ordentlich zulangen musste, damit man das Jahr über nicht Hunger litt – gleichsam kulinarischer Abwehrzauber gegen die Missgunst der bösen Geister.

Obwohl wir es heutzutage auch im Winter kuschelig warm haben, hat unser Organismus das Verlangen nach energiereichen Lebensmitteln noch aus grauer Vorzeit gespeichert.

Das Weihnachtsmahl

In allen Ländern gibt es typische Weihnachtsgerichte – teilweise aus Familientradition ohne tiefere Bedeutung wie zum Beispiel Bockwurst mit Kartoffelsalat als Heilig-Abend-Essen. Zum Teil hängen sie aber auch mit dem Volksglauben zusammen. So spielten Schweinefleisch, Brot und Kuchen, Linsen, Fisch und Mohn eine große Rolle auf dem weihnachtlichen Speisezettel. Die Gründe dafür erklären Experten unterschiedlich: Für Ernährungswissenschaftler ist klar, dass die Menschen sich in der kalten Jahreszeit nach fettem Fleisch, ölhaltigem Mohn, kohlenhydratreichem Brot und süßem Kuchen sehnen – alles wichtige Lieferanten für Energie.

Volkskundler weisen auf die Symbolik weihnachtlicher Lebensmittel hin: Mohn mit seinen unzähligen Körnern bedeutet Fülle, Schweine galten als Glückssymbole, Hülsenfrüchte als Mittel gegen böse Geister. Vor allem Linsen gehören zum Weihnachtsessen: Erstens, weil sie wie kleine Münzen aussehen und als Sinnbild für eine reich gefüllte Börse stehen. Zweitens waren sie Fruchtbarkeitssymbol – interessanterweise nicht, weil die Pflanzen so reichlich Samen hervorbringen, sondern weil sie eher wenig tragen. Ihre dünnen Stängelchen ranken und verzweigen sich stark; die Hülsen sind klein und enthalten meist nur ein bis zwei, manchmal auch drei oder vier Samen.

Brot ist Nahrung für Geist und Seele, und als eines der ältesten und wertvollsten Lebensmittel des Menschen steht es für Verwurzelung mit Mutter Erde. Früher brachten die Bauern auch den Tieren im Stall ein Stückchen Brot – schließlich

Tipp
Essen Sie an Festtagen nicht zu spät; unser Biorhythmus ist darauf nicht eingestellt. Energie, die wir tagsüber gespeichert haben, brauchen wir nicht nur zum Verdauen.

hatten Ochs und Esel das Kind in der Krippe mit ihrem Atem gewärmt.

Fische hat man in der Antike als Fruchtbarkeits- und Lebenssymbol den heilbringenden Gottheiten zugeordnet: Jesus sah sich in dieser Tradition und bezeichnete sich selbst als *Menschenfischer*. Im Christentum wurde der Fisch dann zum Sinnbild des Erlösers, wie beispielsweise das Karpfenessen in Süddeutschland am Heiligen Abend vor der Christmette. Denn für Katholiken dauert die vorweihnachtliche Fastenzeit bis zum Kirchgang in der Heiligen Nacht. Der große, edle Fisch ist also erlaubt und dennoch festlich genug. Außerdem passt der Karpfen zu den Weihnachtsorakeln: Eine seiner Schuppen im Portemonnaie sorgt dafür, dass das Geld im kommenden Jahr nicht knapp wird. Süßer Kuchen schließlich zeigte den Wohlstand der Gastgeber an, und um nicht erneut den Neid der Hausgeister zu wecken, opferte man ein Stückchen davon.

Käsehäppchen ☀ ☾

Zutaten für 20 Stück

1 Paket TK-Blätterteig-Scheiben (backfertig ausgerollt)

20 Cocktail-Tomaten

300 g grob geriebener Greyerzer Käse, Sbrinz, Emmentaler und Parmesan gemischt

Frisch gemahlener Pfeffer

1 Eigelb

2 EL Sonnenblumenkerne und/oder ungeschälte Sesamsamen

1 Die Blätterteigscheiben nebeneinander auf die Arbeitsfläche legen, auftauen lassen und dann halbieren.

2 Die Tomaten waschen, trockentupfen und auf die Teigscheiben legen, dann mit dem Käse bestreuen und mit Pfeffer würzen. Die Teigränder mit kaltem Wasser bestreichen, die Teigstücke zu Dreiecken zusammenklappen und mit den Zinken einer Gabel gut festdrücken.

3 Ein Backblech mit kaltem Wasser abspülen und die Häppchen darauflegen. Mit dem verquirlten Eigelb bestreichen, mit Sonnenblumenkernen und/oder Sesam bestreuen und im vorgeheizten Backofen bei 200 °C in etwa 20 Minuten goldgelb backen.

Tipp
Die Madeleines mit guten Fettsäuren sind Vorspeisen-Häppchen, passen mit Salat aber auch zum Lunch oder leichten Abendessen.

Oliven-Madeleines ☯ ☀ ☽

Zutaten für 24 Stück

100 entsteinte grüne und schwarze Oliven

5 EL Olivenöl

100 g Butter

200 g Mehl

1 EL Zucker

1 TL geriebene Bio-Orangenschale

1 TL Weinstein-Backpulver

3 Eier

1 Die Oliven grob hacken. Das Öl mit der Butter in einem Topf unter Rühren erhitzen, bis die Butter geschmolzen ist, und dann wieder lauwarm abkühlen lassen.

2 Das Mehl mit Zucker, Orangenschale und Backpulver in einer Schüssel mischen. Zuerst die Eier, dann die Olivenöl-Buttermischung und zuletzt die Oliven darunterrühren.

3 Ein Madeleines-Blech mit 24 Mulden gut fetten. Den Teig in die Mulden füllen und im vorgeheizten Backofen bei 180 °C etwa 20 Minuten backen. Heiß aus der Form auf ein Kuchengitter stürzen und lauwarm abkühlen lassen.

Goldene Weihnachtssuppe

**Zutaten für
6 Portionen**

3 getrocknete
Aprikosen

1 Stück Hokkaidokürbis
(etwa 300 g)

1 EL Butter

100 g rote Linsen

1 Msp. Safranfäden

1/2 TL gemahlene
Gelbwurz

Salz nach Belieben

Frisch gemahlener
Pfeffer

1/2 TL gemahlener
Kreuzkümmel

1 EL Zitronensaft

1 l Gemüsebrühe

3 EL Sahne

1 mittelgroße Rote
Bete

1 EL Olivenöl

1 EL Johannisbeer-
gelee

1 TL roter Balsamessig

2-3 TL Sesamsamen
und Sonnenblumen-
kerne

6 TL saure Sahne

1 Die Aprikosen klein würfeln. Den Kürbis waschen und trockentupfen, dann von den Kernen befreien und in kleine Stücke schneiden. Die Knoblauchzehe schälen und fein hacken.

2 Die Butter in einem Topf erhitzen und den Kürbis darin anbraten. Die Linsen und die Aprikosen zugeben, dann die Safranfäden zwischen den Fingern zerreiben und zufügen. Nun alles mit Gelbwurz, Salz, Pfeffer und Kreuzkümmel würzen.

3 Den Zitronensaft, etwa 700 ml Brühe und die Sahne zugießen, aufkochen und die Suppe zugedeckt bei mittlerer Hitze etwa 30 Minuten garen, bis der Kürbis sehr weich ist.

4 Während die Suppe kocht, die Rote Bete waschen, schälen, würfeln und im heißen Öl kurz anbraten. Dann die restliche Gemüsebrühe zugeben und die Rote Bete zugedeckt bei schwacher Hitze ganz weich kochen.

5 Die Suppe mit dem Stabmixer pürieren und noch einmal aufkochen, dann mit Salz und Pfeffer abschmecken und auf vorgewärmten Portionstellern verteilen.

6 Den Stabmixer unter heißem Wasser abspülen, dann die Rote Bete pürieren. Das Püree mit Johannisbeergelee, Balsamessig, Salz und Pfeffer abschmecken, mit einem Löffel auf die Suppenportionen setzen und mit einem Holzspießchen leicht verrühren. Die Suppenportionen mit Sesamsamen, Sonnenblumenkernen und Tupfen von saurer Sahne garnieren und dann sofort servieren.

Radicchio-Schiffchen

**Zutaten für
6 Portionen**

2 Radicchio di
Trevisano

1 Zwiebel

1 Knoblauchzehe

1 Scheibe Südtiroler
Speck (etwa 80 g)

1 EL Olivenöl

300 g Vollkornreis

200 ml naturtrüber
Apfelsaft

1/2 l heiße Gemüse-
oder Fleischbrühe

1 kleiner Apfel

1 EL Zitronensaft

2 EL Butter

Salz nach Belieben

Frisch gemahlener
weißer Pfeffer

2 EL frisch geriebener
Parmesan

1 Den Radicchio waschen, 6 große Blätter ablösen, trockentupfen und beiseite legen. Die restlichen Blätter ebenfalls ablösen, trockenschleudern und in schmale Streifen schneiden.

2 Die Zwiebel und den Knoblauch schälen und fein zerkleinern, den Speck klein würfeln. Das Öl in einem großen Topf erhitzen, die halbe Menge Speckwürfel, die Zwiebel und den Knoblauch darin unter Rühren glasig braten. Den Reis zugeben und unter Rühren andünsten.

3 Den Apfelsaft zugießen und bei starker Hitze ein-kochen lassen. Nun die Brühe zugießen und einmal aufkochen. Den Reis zugedeckt bei schwächster Hitze in etwa 35 Minuten körnig weich kochen.

4 Während der Reis gart, den Apfel vierteln, schälen, vom Kerngehäuse befreien und in kleine Würfel schneiden, dann mit dem Zitronensaft mischen.

5 Die Butter in einer großen Pfanne erhitzen. Radicchio, den Apfel und den restlichen Speck darin bei starker Hitze unter ständigem Rühren etwa 2 Minuten braten.

6 Den gegarten Reis zur Mischung in der Pfanne geben, den Parmesan hinzufügen und alles mit einer Gabel mischen. Den Reis mit Salz und Pfeffer abschmecken, in den Radicchioblättern verteilen und sofort servieren.

Tipp

Die Schiffchen sind abends gut verdaulich, denn Radicchio enthält Bitterstoffe, im Apfel steckt Pektin, und beide Bioaktivstoffe gleichen das Fett vom Speck aus.

Fleischlos glücklich zum Fest

Seit einigen Jahren ist es Brauch, an Weihnachten auf Fleisch zu verzichten. Anstelle von Gänsebraten und Fondue kommen vegetarische Gerichte auf die festliche Tafel. Das hat für viele Menschen ethische Gründe, und belohnt werden sie dafür sogar mit mehr körperlichem Wohlbefinden. Denn fleischloses Essen ist besser verträglich, liefert mehr Vitalstoffe und ist deshalb ganz im Sinne der modernen sanften Ernährung.

Mein fleischloses Weihnachtsmenü schmückt sich mit den Weihnachtsfarben gold, rot und grün: Zuerst gibt die Goldene Weihnachtssuppe aus roten Linsen, Safran und Roter Bete (→ Seite 198), dann Radicchio-Schiffchen (→ Seite 201) als Zwischengericht. Das Hauptgericht sind Spinatklößchen (→ Seite 183), die ich gern auf dicker Tomatensauce aus dem Vorrat anrichte. Als Nachspeise serviere ich Bananenwaffeln (→ Seite 214) mit Cranberry-Sauce: Frische Cranberrys mit 1 geschälten Orange pürieren und mit braunem Rohrzucker und Bio-Orangenschale abschmecken. Die Fruchtsäure in dieser Sauce rundet die Waffeln wunderbar ab und wirkt dazu noch wie ein Digestif.

Ente mit Brombeersauce

Zutaten für 4 Portionen

Für die Ente

1 küchenfertige Barbarie-Ente (etwa 1,4 kg)

Salz nach Belieben

Frisch gemahlener schwarzer Pfeffer

1 EL Butterschmalz

3 EL Orangen-marmelade

3 EL Zitronensaft

2 EL Portwein

Für die Sauce

1 EL Zucker

Saft von 1 Blutorange

100 ml trockener Weißwein

1 EL Johannisbeer-gelee

1 TL abgeriebene Bio-Orangenschale

100 g tiefgefrorene Brombeeren

---

1 Die Ente innen und außen kalt abspülen, abtrocknen und innen und außen mit Salz und Pfeffer würzen.

2 Das Butterschmalz in einem Bräter erhitzen. Die Ente darin rundherum bei starker bis mittlerer Hitze zartbraun anbraten. Das Fett bis auf etwa 1 EL in eine Schüssel abgießen und für die Glasur beiseite stellen.

3 Nun die Ente im Bräter mit der Brust nach unten zugedeckt im vorgeheizten Backofen bei 180 °C etwa 15 Minuten braten.

4 Inzwischen für die Glasur die Orangenmarmelade mit 3 EL abgegossenem Entenfett, Zitronensaft und Portwein mischen. Die Ente mit dieser Glasur bestrei-chen und 20 Minuten braten. Wenden und im offenen Bräter weitere 45 Minuten braten. Dabei alle 10 Minuten mit der Glasur bestreichen.

5 Die Ente mit den Keulen nach oben auf den Rost legen, mit der Fettpfanne darunter wieder in den Backofen schieben und in 20 Minuten knusprig werden lassen.

6 Für die Sauce den Zucker in einem Topf unter Rühren schmelzen, von der Kochstelle nehmen, Orangensaft und Wein in den Zucker rühren und die Sauce unter Rühren einkochen.

7 Johannisbeergelee, Orangenschale und die aufgetau-ten Brombeeren in die Sauce geben und erhitzen, aber nicht aufkochen.

8 Die Entenstücke auf vorgewärmten Tellern mit der Sauce umgießen. Dazu passen Kartoffelküchlein (→ Seite 189).

Vanillecreme mit Krokant

Zutaten für 4 Portionen

Für die Creme

250 ml Milch

1/2 Vanilleschote

1 Msp. abgeriebene Bio-Zitronenschale

1 EL Speisestärke

1 ganz frisches Eigelb

1 EL Puderzucker

125 g Magerquark

125 g Sahne

Für den Krokant

200 g Walnüsse (neue Ernte)

4 beliebige Vollkornkekse (ungefüllt)

2 EL Butter

2 EL brauner Vollrohrzucker

1 TL abgeriebene Bio-Orangenschale

1 große Msp. Lebkuchengewürz

Tipp
Die Creme rundet Ihr festliches Weihnachtsmenü ab, ohne den Biorhythmus zu belasten. Sie passt auch zum Brunch und ist später Snack für »Eulen«.

1 Für die Creme etwa 200 ml Milch in einen Kochtopf gießen. Die Vanilleschote mit einem spitzen Messer längs aufschneiden, das Mark herauskratzen und in die Milch geben (die Vanilleschote für Vanillezucker verwenden: → Seite 211). Zitronenschale zufügen und die Milch unter Rühren zum Kochen bringen.

2 Die Speisestärke mit der restlichen Milch in einem Schälchen verrühren, bis sie sich aufgelöst hat. Dann zur Milch in den Topf geben, unter Rühren erhitzen, zu einem Pudding kochen und den Pudding von der Kochstelle nehmen.

3 Das Eigelb mit dem Puderzucker in einer Schüssel mit den Quirlen des Handrührgerätes zu einer dicken Creme schlagen. Nun esslöffelweise den Quark und den warmen Pudding in die Creme rühren. Die Sahne steif schlagen und unterziehen. Die Creme in Portionsschälchen füllen und etwa 2 Stunden kühlen.

4 Für den Krokant die Nüsse knacken, die braunen Häutchen so gut wie möglich abziehen und die Nüsse auf einem Arbeitsbrett fein hacken. Die Kekse in einen Gefrierbeutel geben und mit der Nudelrolle fein zerkleinern.

5 Die Butter in einer Pfanne schmelzen. Zuerst die Nüsse darin bei mittlerer bis schwacher Hitze unter ständigem Rühren leicht rösten, bis sie duften. Die Kekse und den Zucker zugeben und weiter rösten, bis sich alles zu einer krümeligen Masse verbunden hat. Den Krokant von der Kochstelle nehmen, mit Orangenschale und Lebkuchengewürz abschmecken und heiß auf der kalten Creme verteilen. Das Dessert sofort servieren.

Heißer Zwieback mit Obst

**Zutaten für
4 Portionen**

2 Äpfel

1 Banane

2 Orangen

4 TL gehackte
Mandeln

4 TL Korinthen

100 g Dinkelzwieback

1/2 l Milch

1 EL Vanillezucker

1 TL abgeriebene
Bio-Zitronenschale

1 gehäufter EL
Mascarpone

Zimt-Zucker
zum Bestreuen

1 Die Äpfel gründlich waschen oder schälen, vierteln, vom Kerngehäuse befreien und würfeln. Die Banane schälen und auf einem Teller mit einer Gabel grob zerdrücken. Die Orangen schälen und in Stücke schneiden, den Saft dabei auffangen und mit der Banane mischen. Alle Früchte auf 4 Portionsschälchen verteilen und mit den Mandeln und den Korinthen bestreuen.

2 Den Zwieback in einen Kochtopf bröckeln und Milch, Vanillezucker und die Zitronenschale hinzufügen. Die Mischung einmal aufkochen und dann zugedeckt bei schwacher Hitze 5 bis 7 Minuten kochen lassen, bis der Zwieback weich ist. Nun mit einem Kochlöffel durchrühren und dabei den Mascarpone unterrühren.

3 Den Zwiebackbrei auf dem Obst anrichten, mit Zimt-Zucker bestreuen und heiß servieren.

Tipp
Für Morgen- und Abendmenschen gleichermaßen gut: Das Zwiebackmus mit Obst ist nahrhaft, aber nicht belastend.

Vitamine tanken

Zum heißen Zwieback schmeckt ein warmer Smoothie, der für einen kräftigen Vitaminschub sorgt: Pro Portion 1 reife, gewaschene Kakifrucht mit 4 EL Cranberrysaft, etwa 200 ml heißem Orangen-Fencheltee und 1 EL Sojasahne oder normaler Sahne pürieren.

Nach innen horchen
Sanfte Ernährung hört grundsätzlich auf Körpersignale: Wenn Ihnen morgens eher klamm ist und Sie schon beim Gedanken an die Welt draußen frösteln, tut Ihnen was Warmes im Bauch richtig gut. Da passt heißer Zwieback mit frischem Obst viel besser als Marmeladenbrot.

Tipp

Mit einem Apfel eignet sich der Kuchen auch als später Snack für »Eulen«.

Im Biorhythmus schwingen

Draußen fallen die ersten Schneeflocken, dick wie Wattebäuschchen, drinnen knistert das Kaminfeuer, es duftet nach Selbstgebackenem, nach Orangen, Vanille und Zimt. Advent ist da, die Zeit der Erwartung, und plötzlich spüren Sie diese wunderbare Vorfreude – wie damals als Kind. Wir alle lieben Tannenkranz und den Kerzenschein, das Schimmern von Goldpapier und das Rascheln von Stroh für die selbst gebastelten Sterne. Nutzen Sie für sich die Stille Zeit, halten Sie inne und gönnen Sie sich eine Phase der Entschleunigung. Mußestunden gehörten schon immer zur Vorweihnachtszeit und hingen zumindest auf dem Land mit dem Jahreslauf zusammen: Die Feldarbeit war beendet, und sobald auch die Männer Dreschen und Ausbessern der Werkzeuge erledigt hatten, traf man sich in den Spinnstuben beim gemeinsamen Musizieren, Vorlesen und Geschichtenerzählen. Dafür können auch wir modernen Menschen uns begeistern, und wir empfinden den Advent als wunderbaren Ruhepunkt, vielleicht sogar als die gemütlichste Zeit des Jahres.

Adventskuchen

**Zutaten für
16 Stücke**

Für den Teig

500 g Mehl

1/4 TL Salz

1/2 Würfel Hefe

3 EL Zucker

250 ml lauwarme Milch

60 g weiche Butter

2 kleine Eier

Für die Füllung

1 EL Butter

1 EL Puderzucker

Saft von 1 Zitrone

3 EL Sahne

150 g Zartbitter-
schokolade

150 g Marzipan

100 g gehackte
Mandeln

Eventuell Puderzucker
zum Bestreuen

1 Das Mehl mit dem Salz in einer Schüssel mischen, in die Mitte eine Mulde drücken und die Hefe in die Mulde krümeln. 1 TL Zucker und 4 EL Milch über die Hefe geben und die Hefe damit sowie mit etwas Mehl vom Rand zu einem Brei verrühren. Diesen Vorteig zuge-deckt bei Zimmertemperatur 15 Minuten ruhen lassen, bis sich Blasen gebildet haben.

2 Nach der Ruhezeit den Vorteig mit dem gesamten Mehl verrühren. Die restliche Milch, die Butter und die Eier zugeben und alles mit den Knethaken etwa 5 Minuten durchrühren, bis sich der Teig vom Schüssel-rand löst und einen Kloß bildet. Den Teig zugedeckt an einem warmen Ort 1 Stunde ruhen lassen.

3 Für die Füllung die Butter in einen Kochtopf geben und bei schwacher Hitze schmelzen. Dann den Puder-zucker, den ausgepressten Zitronensaft und die Sahne hinzufügen und alles verrühren. Die Schokolade fein hacken und das Marzipan in kleine Stücke schneiden.

4 Den Teig auf einem bemehlten Küchentuch noch einmal durchkneten. Auf dem Tuch mit der bemehlten Nudelrolle zu einer etwa 1/2 cm dicken Platte ausrollen.

5 Zuerst die warme Buttermischung, dann die Schoko-lade, das Marzipan und zuletzt die Mandeln auf der Teigplatte verteilen. Die Platte mit Hilfe des Tuchs aufrollen, schneckenförmig in eine gefettete Springform von 26 cm Durchmesser legen und zugedeckt 15 Minu-ten ruhen lassen.

6 Den Kuchen im vorgeheizten Backofen bei 180 °C circa 45 Minuten backen. Auf einem Kuchengitter abkühlen lassen und zum Servieren nach Wunsch mit Puderzucker bestreuen.

Lebkuchenherzchen

Zutaten für etwa 30 Stück

50 g Butter

200 g Honig

1 gestrichener TL Pottasche

2 EL Orangensaft

1 Vanilleschote

250 g Mehl

1/2 Päckchen Lebkuchengewürz

1/2 TL abgeriebene Bio-Zitronenschale

2 EL Sahne

1 Die Butter mit dem Honig leicht erwärmen und in eine Schüssel geben. Die Pottasche unter Rühren im Orangensaft auflösen und zur Buttermischung geben.

2 Die Vanilleschote längs halbieren, das Mark herauskratzen und mit Mehl, Lebkuchengewürz und Zitronenschale zum Honig geben. Nun alles zu einem Teig verkneten und diesen 4 Tage zugedeckt bei Zimmertemperatur ruhen lassen und dabei häufig durchkneten.

3 Den Teig auf der bemehlten Arbeitsfläche gut messerrückendick auswalken. Zu Herzen ausstechen, auf ein Backblech mit Backpapier legen und mit Sahne bestreichen. Die Herzchen im vorgeheizten Backofen bei 200 °C in 10 bis 15 Minuten goldbraun backen. Heiß ablösen und auf ein Kuchengitter legen.

Heiße Schokolade

Zutaten für
4 Portionen

1 l Milch

1 Vanilleschote

1/4 TL Zimtpulver

1 große Msp.
Lebkuchengewürz

200 g Zartbitter-
Schokolade

250 ml Espresso

3 EL Sahne

1 Die Milch in einen Kochtopf gießen. Vanilleschote längs halbieren, das Mark herauskratzen und mit Zimtpulver und Lebkuchengewürz in die Milch geben. Alles langsam zum Kochen bringen.

2 Die Schokolade in Stücke brechen, in die Milch geben und bei schwacher Hitze unter Rühren darin auflösen. Espresso und Sahne zugießen und alles mit dem Mixstab aufschlagen. Die Schokolade sofort servieren.

Nachhaltig handeln

Die Schote für Vanillezucker in kleine Stücke schneiden und in einem Schraubglas mit beliebigem Zucker mischen. Gut verschlossen und dunkel aufbewahren, bei Bedarf Zucker nachfüllen – das Aroma hält monatelang.

Lichtmess-Gebäck

**Zutaten für
6 Portionen**

300 g Weizenmehl
Type 550

1 EL Zucker

1 Prise Salz

Abgeriebene Schale
von 1/2 Bio-Orange

100 g Milch

1 EL Schmand

2 EL Orangenlikör
oder Orangensaft

3 Eigelb

100 g Butterschmalz
zum Frittieren

Puderzucker
zum Bestreuen

1 Das Mehl mit Zucker, Salz und Orangenschale in einer Schüssel vermischen. Die Milch, den Schmand, den Orangenlikör oder den Saft sowie die Eigelbe hinzufügen, alles verrühren und dann mit den Händen zu einem Teig verkneten. Den Teig 15 Minuten kühlen.

2 Die Arbeitsfläche dünn mit Mehl bestreuen und den Teig darauf etwa 1/2 cm dick zu einer Platte ausrollen. Die Teigplatte in etwa 8 cm lange und 3 cm breite Rauten schneiden und in die Mitte jeder Raute einen Längsschnitt machen. Die unteren Teigecken der Rauten durch diesen Schnitt stecken.

3 Das Butterschmalz zum Frittieren erhitzen. Das Gebäck darin portionsweise in etwa 3 Minuten goldbraun ausbacken. Mit einem Schaumlöffel herausnehmen, auf einem Kuchengitter lauwarm abkühlen lassen und mit Puderzucker bestreut servieren.

Heilsames Licht

Die Bräuche zu Lichtmess sind sehr alt und verbreiteten sich bereits vor mehr als tausend Jahren – als Fest für die Muttergottes, die Jesus, das Licht der Welt, geboren hat. Nach katholischem Ritus versammelt man sich auf dem Kirchplatz, wo der Priester die mitgebrachten Kerzen der Gläubigen weiht. Nun entzündet man eine nach der anderen und zieht damit gemeinsam in die Kirche. Die geweihten Kerzen nimmt man brennend mit nach Hause und achtet vor allem bei der dicksten darauf, dass sie nicht erlischt. Lichtmess-Kerzen spenden Heil und Segen: Man zündet sie bei schwerem Unwetter an, denn Licht bedeutet immer Geborgenheit und Wärme. Gläubige Menschen erhoffen sich von den geweihten Kerzen eine sanfte Geburt, Schutz vor Krankheit und Beistand in ihrer Sterbestunde.

Tipp

Zum Schmalzgebäck passt Obstsalat: Früchte helfen bei der Verdauung von Fettem, regulieren den Säure-Basen-Haushalt und befeuchten den Organismus.

Balance halten

Ursprünglich waren die Küchlein als »Trinkgeld« für Dienstboten auf dem Land bestimmt: Bis ins 20. Jahrhundert begann zu Lichtmess ein neues Arbeitsjahr, und wer die Anstellung wechselte, bekam ein paar nahrhafte Schmalzküchlein eingepackt als Proviant für unterwegs.

Sehnen Sie sich nach Glanz und Heiterkeit im kältesten Monat des Jahres? Dann feiern Sie ein altes Fest: Lichtmess am 2. Februar schenkt uns – modern gesprochen – zwei der wirksamsten Heilmittel gegen Winterfrust: Licht und Süßes. Denn zu Lichtmess gehören heller Kerzenschein und üppiges Schmalzgebäck wie Strauben aus Brandteig, Schürzkuchen aus Mürbeteig (→ Rezept links) oder aus Hefeteig mit Butterschmalz, Eiern und Rosinen. Diesen Teig schneidet man zu Quadraten und beschöpft ihn beim Frittieren mit Fett, sodass sich das Hefegebäck wie ein Kissen aufplustert. Doch keine Angst, auch Fettgebackenes schadet dem Biorhythmus nicht, und Lichtmessgebäck muss nun mal üppig sein, sonst schmeckt es nicht. Essen Sie nicht zu viel davon und sorgen Sie für die gesunde Balance mit einer guten Portion frischem, saftigem Obst (→ Tipp).

Bananenwaffeln

**Zutaten für
6 Portionen**

1 reife Banane

1 EL Zucker

2 EL Zitronensaft

2 Eier

250 ml Milch

125 ml Öl

250 g Mehl

1 TL Zimt

1 Prise Salz

1/2 TL Trockenhefe

Fett für das Waffeleisen

Puderzucker
zum Bestreuen

1 Die Banane schälen, mit Zucker und Zitronensaft pürieren oder ganz fein zerdrücken. Die Eier trennen.

2 Die Eigelbe sehr gut mit dem Bananenpüree verrühren, dann die Milch und das Öl unterrühren. Eiweiße steif schlagen und auf den Teig geben. Das Mehl mit Zimt, Salz und Trockenhefe vermischt auf den Eischnee streuen und alles zu einem glatten Teig verrühren.

3 Die Backflächen des Waffeleisens fetten. Jeweils 2 bis 3 EL Teig hineingeben, das Eisen schließen und jede Waffel 3 bis 4 Minuten backen. Die fertigen Waffeln warm halten, bis der ganze Teig verbraucht ist und alle Waffeln gebacken sind. Mit Puderzucker bestreuen und heiß oder abgekühlt, jedenfalls ganz frisch servieren. Dazu passt Kompott oder Obstsalat.

Früchtekuchen

**Zutaten für
12 Stücke**

250 g getrocknete
Aprikosen

100 g Rosinen

300 ml Apfelsaft

3 EL Orangensaft

1 TL Vanillezucker

500 g Mehl

1 TL Trockenhefe

1 EL abgeriebene
Bio-Orangenschale

75 g brauner Rohr-
oder Rübenzucker

2 Eier

1–2 EL Zimtzucker

1 Die Aprikosen in kleine Stücke schneiden, mit den
Rosinen in eine Schüssel geben und mit dem erhitzen
Apfelsaft übergießen. Den Orangensaft und den
Vanillezucker zufügen, alles gut vermischen und zu-
gedeckt 12 Stunden ziehen lassen.

2 Das Mehl mit der Hefe, der Orangenschale und Zucker
in einer Schüssel mischen. Die Eier und die eingeweich-
ten Früchte mit der Flüssigkeit, die noch übrig ist,
zugeben und alles mit einem Kochlöffel verrühren.

3 Den Teig in einer gefetteten Springform von 26 cm
Durchmesser glatt streichen und zugedeckt bei Zimmertemperatur noch 2 bis 3 Stunden stehen lassen.

4 Den Kuchen im vorgeheizten Backofen bei 170 °C
etwa 1 Stunde backen. Mit Zimtzucker bestreuen.

Schneller Kompottkuchen

**Zutaten für
16 Stücke**

400 g Mehl

1 Prise Salz

2 TL Trockenhefe

3 EL Zucker

1/2 TL abgeriebene
Bio-Zitronenschale

250 ml lauwarme Milch

3 Eier

100 g weiche Butter

Je 300 g eingekochte
Aprikosen und
entsteinte Kirschen

Puderzucker
zum Bestreuen

1 Mehl mit Salz, Hefe, Zucker, Zitronenschale, Milch, Eiern sowie der halben Menge Butter mit den Knethaken des Handrührgerätes etwa 5 Minuten rühren.

2 Den Teig zugedeckt an einem warmen Ort 20 Minuten ruhen lassen, bis sich kleine Blasen bilden.

3 Die restliche Butter auf einem Backblech verstreichen, den Teig auf das Blech gießen, glatt streichen und das abgetropfte Obst darauf verteilen. Den Kuchen in den kalten Backofen schieben, den Ofen auf 200 °C schalten und den Kuchen 25 bis 30 Minuten backen. Mit Puderzucker bestreut gerade eben abgekühlt servieren.

Die innere Uhr takten

In den lichtarmen Monaten fühlen sich viele Menschen antriebsarm und lustlos. Der Grund: Im Winter läuft unsere innere Uhr langsamer, und das beeinflusst das serotonerge System. Vor allem in der zweiten Tageshälfte haben wir dann richtig Lust auf ein Stück Kuchen: Um ein Stimmungstief zu vermeiden, verlangt unser Organismus nach Süßem, das die Ausschüttung des Botenstoffs Serotonin bewirkt. Je mehr davon im Blut zirkuliert, desto besser fühlen wir uns. Doch Naschen allein hilft natürlich nicht; regelmäßige und ausgiebige Bewegung ist für unsere gesamten Körperfunktionen wichtig. Nach einer halben Stunde an der frischen Luft geht es uns dann besser, weil selbst an düsteren Tagen die Lichteinwirkung draußen weit höher ist als in geschlossenen Räumen. Wenn wir also an einem sonnigen Wintertag naschen *und* joggen, schlagen wir dem Winterblues ein Schnippchen: Licht, Sonne und Bewegung ziehen unsere biologische Uhr wieder auf.

Tipp
Ein Kuchen für den ganzen Tag, schnell gebacken und vorwiegend mit Obst gesüßt, das Sie vielleicht sogar selbst eingekocht haben!

Nützliche Adressen

Eine gut gemachte Internetseite, auf der Sie einen Hofladen in Ihrer Nähe finden, ist: **www.erzeuger-direkt.de**.

Greenpeace hat eine Liste der Fische erstellt, die man in Maßen noch essen kann, ohne die Bestände weiter zu schwächen:
www.greenpeace.de/fischratgeber.

Gutes Fleisch aus artgerechter Tierhaltung gibt es im Naturkosthandel, bei Biobauern, und man kann es im Internet bestellen, zum Beispiel bei **www.neuland-fleisch.de**.

www.mundraub.org
Die Vereinigung »Mundraub« stellt Karten mit Fundorten ins Netz, wo Sie Kräuter, Obst und andere Pflanzenlebensmittel ganz legal sammeln und ernten können – zum Beispiel Streuobstwiesen oder Bärlauchfelder.

www.genussgemeinschaft.de
Hier haben Sie die Möglichkeit, eine Einkaufsgemeinschaft zu gründen oder einer bestehenden beizutreten. Man bestellt monatlich per E-Mail, ein Mitglied holt die Waren von den Bauern ab und bringt sie zu einer Sammelstelle. Die Gemeinschaften gibt es bis jetzt nur in München, doch auf der Website finden Sie Familien- und Kleinbetriebe in ganz Süddeutschland und einigen anderen Bundesländern.

Wichtige Vereine und Initiativen für Biodiversität

- Arche Noah **www.arche-noah.at**

- Kultursaat e.V. **www.kultursaat.org**

- VEN Verein zur Erhaltung der Nutzpflanzenvielfalt e.V. **www. nutzpflanzenvielfalt.de**

- Zukunftsstiftung Landwirtschaft **www.zs-l.de**

Auf den Websites der Vereine finden Sie auch interessante Termine, Datenbanken und Tauschbörsen für Samen, Unterschriftenlisten sowie Infos für Mitglieder.

Bezugsquellen

Pflanzkartoffeln und Samen gibt es bei:
- Bioland-Hof Jeebel Biogartenversand
  Jeebel 17 · 29410 Salzwedel
  www.biogartenversand.de

Der Katalog enthält gute, ausführliche Anbautipps.

Hochwertige Bio-Samen für Online-Versand und Versand mit Bestellformular gibt es bei Dreschflegel, einem Zusammenschluss verschiedener Bio-Betriebe:
- Dreschflegel GbR
  In der Aue 31 · 37213 Witzenhausen
  www.dreschflegel-saatgut.de

Samen für Gemüse, Tomaten, Kräuter und Salat gibt es online bei Bio-Saatgut: **www.bio-saatgut.de**

Rezeptregister

Adventskuchen 209
Apfelkuchen mit Mandeln 169
Apfelschnecken 118

Bananenwaffeln 214
Bärlauch-Quiche 36
Beerentorte 103
Birnenmarmelade 158
Bohnenfrikadellen mit Hirse 44
Bohnensalat mit Tomatensauce 70
Brennnesselspinat-Eierkuchen 39
Brombeer-Dressing 83
Brote mit Kartoffelpesto 30
Brotsuppe mit Tomaten 124
Bruschetta mit Grill-Paprika 93
Bunte Obstpie 113
Bunte Spießchen 143
Bunter Ziegenkäse 72

Curry mit Kokosjoghurt 191

Ente mit Brombeersauce 203

Foccacia mit Oregano 92
Früchtekuchen 215
Frühlings-Lamm 57

Gebackene Sardinen 87
Gebackene Würztomaten 140
Gebeizte Lachsforelle 46
Gebratene Süßkartoffeln 132
Gebratener Spargel 54
Gefüllte Eier 52
Gefüllte Paprikaschoten 84
Gefüllte Pilze 135
Gefüllte Tomaten 88
Gemüse für den Vorrat 141
Gemüsesuppe mit Schinken 179
Goldene Weihnachtssuppe 198
Grünkerncreme mit Kurkuma 75
Grünkerngratin mit Gemüse 34

Hähnchen mit Tomaten 148
Heidelbeer-Muffins 114

Heiße Erdbeeren 60
Heiße Schokolade 211
Heißer Zwieback mit Obst 206
Himbeertörtchen 108
Hirsekuchen mit Aprikosen 116
Holunderblüten-Dressing 83

Johannisbeertarte 115

Kalte Gurkensuppe 81
Kartoffelcreme-Brote 147
Kartoffelkuchen 137
Kartoffelküchlein 189
Kartoffelpuffer mit Knofeldip 43
Kartoffelsuppe mit Pilzen 127
Käsehäppchen 196
Käsepfannkuchen mit Tomaten 138
Kichererbsencreme 74
Kirschenschmarren 107
Kräuterpie mit Hähnchen 26

Lauchsuppe mit Speck 176
Lebkuchenherzchen 210
Lichtmess-Gebäck 212
Limonade mit Minze 69
Linsenbällchen zum Dippen 186
Linsen-Gemüse und Joghurt 130

Makrelenbrote 142
Mangoldquiche 97

Nektarinen-Crêpes 105
Nudeln mit Bohnen 133

Obst-Gratin 106
Ochsenschwanzragout 150
Oliven-Madeleines 197

Pizza-Happen 67
Polenta mit Frühlingsgrün 40

Radicchio-Schiffchen 201
Radieschensuppe 80
Rhabarberstrudel 59
Rosenkohlkuchen 184
Rote Grütze 58

Rote-Bete-Nudeln 145
Rührei mit Wildkräutern 50

Salat mit gebratenem Käse 24
Scharfes Zwetschgenmus 159
Schmandgemüse 188
Schneller Kompottkuchen 216
Schoko-Birnen-Kuchen 162
Selbst gemachtes Sauerkraut 157
Sommergrüne Pasta 79
Sommerliche Gemüsesuppe 78
Sommersalat mit Reisnudeln 94
Spinatklößchen 183
Stampfkartoffeln 149

Tomatencreme mit Mozzarella 68
Tomaten-Dressing 82
Tomatenkuchen 128

Vanillecreme mit Krokant 204
Vierkornbrot 160

Weißkohlschnitten 193
Wildkräutertaschen 100
Wintergemüse-Törtchen 180
Winterwurzel-Salat 182
Wraps mit Grillgemüse 90

Ziegenkäse mit Kräutern 25
Zwetschgennudeln 166

Sachregister

Achtsamkeit 9, 14 f., 57, 109, 125
Adventszeit 208
Atmung 187
Ayurveda 28 f.

Backferment 161
Bärlauch 38, 41
Bewegung 8, 23, 102, 108, 216
Biorhythmus 8 ff., 42, 53 f., 65, 84, 105,
    122, 135, 139, 153 f., 167, 172, 174, 187,
    194, 202, 208, 213
Birnen trocknen 154
Brennnesseln 39
Brot backen 161
Brotsuppen 125

Christ, Lena 125
Christbaum holen 173
Crêpes 105

Dampfentsafter 111

Eier 16, 50, 53, 56

Endorphine 123
Entgiftung/Entschlackung 27, 32 f.,
    38 f., 54, 77
Erdäpfelkas, traditioneller 146
Erntebräuche 164 f.

Fasten 32 f.
Feigen 73
Fett(bedarf) 139, 175
Fisch 16, 33, 47, 87, 194 f.
Fleisch 16 f., 56 f., 146, 151, 153
Food Coops 16
Frühling 12, 22 ff.
»Fünf am Tag« 76

Gänsebraten 165
Gemüse 8 f., 14 ff., 28, 32 f., 76 f., 112,
    152 ff., 164, 174, 180
Gewürze 14, 65, 175

Herbst 12, 122 ff.
Heublumensäckchen 27

Sachregister (Fortsetzung)

Hirse 116
Hofladen 8f., 16, 19, 112
Holunder 98f.
Honig 16, 48

Immunsystem 10, 22, 38, 54, 76f., 102, 139, 174
Innere Uhr 8, 10, 12, 14, 64, 216

Jahresrhythmus 11ff., 98
Johannisfest 98

Kamut 104
Karpfenessen 195
Knoblauch 42, 48
Knochen auskochen 178
Kochwasser verwerten 152
Komplettverwertung 8, 124f., 152ff., 178
Kräuter 8, 14, 22f., 27f., 41, 50, 65, 76, 88, 95, 99, 123, 153ff., → auch Wildkräuter
Kräutertee genießen 187

Läuterzucker 158
Leptin 10
Licht(menge) 10, 22, 64f., 102, 172, 212, 216
Lichtmess 164, 212f.
Linsen 194
Lorbeer-Essenz 77

Mangold 97
Mariä Himmelfahrt (15. August) 99
Martins-Bräuche 164f.
Meerrettich 175
Melatonin 10, 12, 22f., 64, 123
Milchprodukte 16f.
Milchsäuregärung 156
Nachhaltigkeit 8, 16f., 151, 178, 211
Noradrenalin 22

Obst 8f., 14ff., 28, 32f., 64f., 76f., 95, 110ff., 122, 138, 153ff., 164, 167, 213
Öle 60
Osterbräuche 48f., 56

Pastinaken 180
Pflanzen 9ff., 15, 22f., 27ff., 48, 99, 101, 109, 154
Picknick 64, 70, 73, 102, 173
Plätzchenbacken 172

Saft herstellen 110f.
Safttuch 110
Salzgemüse 155
Schmalzgebäck 213
Schwarzwurzeln 174
Selbstversorgung 8
Sellerie 180
Serotonin 32, 123, 216
Smoothies 110, 206
Sommer 11f., 64ff.
Sonnwend 98
Spargel 54, 95
Sterilisiertopf 155
Stress 13f., 65, 76, 102, 187
Streuobstwiesen 9, 112, 122, 155
Suppenwärme 176

Tagesrhythmus 10, 14, 65
Tiefkühlen 95, 112
Tomaten einfrieren 95, 154
Traditionelle Chinesische Medizin (TCM) 28f., 54
Trockenobst 154

Urban Gardening 9, 16

Vanillezucker, selbst gemacht 211

Weihnachtsessen 194f.
Weihnachtsmenü, fleischloses 202
Wespen achten 109
Wildkräuter 23, 27, 41, 50, 101
Winter 11f., 172ff.
Winterkartoffeln einlagern 127
Wintervorrat 16, 88, 98, 112, 122, 164
Wochen-/Bauernmarkt 8, 16, 19

Ziegenkäse 73
Zucchini einfrieren 95

man kau:

Dr. Barbara Rias-Bucher

HEIMISCHE SUPERFOODS

Natürliche Lebensmittel und ihre positive Wirkung – Gesundes vom Markt und aus eigenem Anbau – Über 90 Rezepte mit regionalen Zutaten

17,95 € (D) / 18,50 € (A), ISBN 978-3-86374-240-9
Klappenbroschur, durchgehend farbig, 222 Seiten

Immer häufiger tauchen exotische Lebensmittel auf, die über wahre Wunderkräfte verfügen sollen. Sogenannte „Superfoods" gelten als besonders nährstoffreich und kommen meist von weit her. Doch wertvolle Geschenke der Natur gibt es auch direkt vor der eigenen Haustür!
Dieser Ratgeber erklärt Ihnen, was Sie über Superfoods wissen müssen, und konzentriert sich dabei auf Produkte, die bei uns wachsen. Neben reich bebilderten Porträts der pflanzlichen „Stars" laden zahlreiche schmackhafte Rezepte zum Nachkochen und Probieren ein.

Dr. Barbara Rias-Bucher

SUPERFOOD-SALAT

60 Rezepte für alle Jahreszeiten
Mit basischen Salaten zur Entsäuerung

14,95 € (D) / 15,40 € (A), ISBN 978-3-86374-293-5
Klappenbroschur, durchgehend farbig, 140 Seiten

Salat schmeckt köstlich, hat wenig Kalorien und regt die Verdauung an. Außerdem versorgt er uns mit reichlich sekundären Pflanzenstoffen, die Herz- und Kreislauferkrankungen, aber auch Diabetes, Übergewicht und sogar Krebs vorbeugen können. Mit regionalen und saisonalen Salatsorten, Obst, Gemüse und Kräutern zubereitet, sind Salate wahre Kraftwerke für unseren Biorhythmus und unsere Gesundheit.

Angelika Gräfin Wolffskeel von Reichenberg

DEINE NAHRUNG SEI DEIN HEILMITTEL

Ernährung im Biorhythmus

12,95 € (D) / 13,40 € (A), ISBN 978-3-938396-03-2
Softcover, 306 Seiten

„(…) Der praxisorientierte Ratgeber gibt fundiertes Wissen verständlich wieder. Mit Organuhr, konkreten Ernährungstipps, Rezepten, Fastenkur sowie eigenen Kapiteln zu Säure-Basen-Haushalt, Allergien, Diabetes und Rheuma."
INTUITIONonline

„(…) In diesem Buch findet jeder etwas Nützliches, last not least auch einige Küchenrezepte für den Alltag."
Naturarzt

„(…) Der praxisorientierte Ratgeber gibt fundiertes Wissen verständlich wieder."
Schrot & Korn

Dr. Barbara Rias-Bucher

SMOOTHIES FÜR KÖRPER, GEIST UND SEELE

Feine Drinks aus dem Mixer – Genuss von schlank bis nahrhaft
51 Rezepte, dazu Tipps und Tricks

7,99 € (D) / 8,20 € (A), ISBN 978-3-86374-164-8
Klappenbroschur, durchgehend farbig, 95 Seiten

„Sie sind auch für Vegetarier erlaubt und eine gesunde Erfrischung: Smoothies (...) liefern wichtige Nähr- und Ballaststoffe. Den Kompakt-Ratgeber ,Smoothies für Körper, Geist und Seele' hat die bekannte Kochbuchautorin und Ernährungsexpertin Dr. Barbara Rias-Bucher den frischen Fitmachern gewidmet."
Gesundheit & Wohlbefinden (Die RHEINPFALZ)

Dr. Barbara Rias-Bucher

GARTEN-SMOOTHIES

Gesunde Drinks aus eigenem Anbau
Mit 43 ausgewählten Rezepten durchs Gartenjahr

7,99 € (D) / 8,20 € (A), ISBN 978-3-86374-199-0
Klappenbroschur, durchgehend farbig, 95 Seiten

„Garten-Smoothies" sind kostengünstig, einfach und schnell gemacht, denn Sie brauchen kaum mehr als das, was Sie selbst sammeln, anpflanzen und ernten können: Kräuter, Wildkräuter, Obst, Gemüse, Sprossen – Ihrer Fantasie sind keine Grenzen gesetzt.

Kombiniert mit Wasser, Tee, Milch oder Joghurt, lassen sich die heimischen Pflanzen, püriert und gemixt, vielseitig einsetzen: als kleiner Snack zwischendurch, als Nachtisch, als Aperitif oder einfach als gesunder Begleiter quer durch den Alltag.

Dr. Barbara Rias-Bucher

WINTER-SMOOTHIES

Gesunder Genuss in der kalten Jahreszeit
Mit den besten Weihnachts-Smoothies

7,99 € (D) / 8,20 € (A), ISBN 978-3-86374-181-5
Klappenbroschur, durchgehend farbig, 127 Seiten

„Ob Anti-Schnupfen-Smoothies (aus Birnen – hmmm!) oder solche aus Papaya und Schokolade, Rettich und Apfel, Kaffee und Banane, Grapefruit und Holunder, Avocado und Clementine... und alle mit besonderen Gewürzen verfeinert, in diesem kompakten Büchlein finden Sie zahlreiche Rezepte für Energieschübe, einer besser als der andere, gegliedert in wärmend, weihnachtlich, vegan und vitaminreich. Am besten täglich einen anderen probieren! Vorsicht Suchtgefahr! Ach ja, Ziel des Buches ist es, fit und fröhlich durch den Winter zu kommen und nicht von Frühjahrsmüdigkeit geplagt zu werden – das gelingt mit Sicherheit!"
Susanne Strobach, Coaching, Mediation,
Training für Unternehmen und Einzelpersonen